日本比較法研究所翻訳叢書
50

ドイツ民法・国際私法論集

ハインリッヒ・デルナー 著
野沢紀雅・山内惟介 編訳

Beiträge zum deutschen Bürgerlichen und Internationalen Privatrecht

Von
Heinrich Dörner

中央大学出版部

装幀　道吉　剛

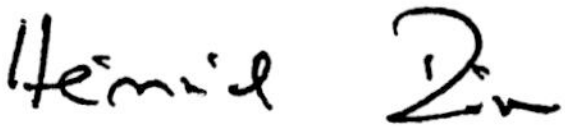

序文

本書に収録された論稿は、ドイツにおける民法と国際私法の現代的展開と重要な論争問題を明らかにしようとしたものである。ドイツの立法者は、二〇〇二年の債務法改革により、消滅時効法をも現代化し、その前年には登録生活パートナー関係がドイツ法に導入された。それに先立つ一九九八年には、親子法改革の一環として国際親子法にも根本的な変更を加えていた。ヨーロッパの法定立作業は、この間に抵触法にも及んでおり、「ヨーロッパ」国際私法の最初の輪郭を示すに至っている。また、これらと全く別の面から――つまり社会の技術的発展から――問題を投げかけているのがインターネットである。この情報媒体によって伝統的な法律行為論の通用性が試されているのである。最後に、公序に関する論文は、保証の良俗違反性に関するドイツ連邦通常裁判所の判例から国際私法と国際民事手続法にもたらされる帰結を取り扱っている。

法律行為論とインターネット、登録生活パートナー関係および「ヨーロッパ」国際私法に関する論稿は、筆者が二〇〇二年四月に中央大学でおこなった講演である。筆者を暖かく迎えて下さり、さらに本論集を翻訳叢書に加えていただいたことについて、中央大学と日本比較法研究所に深甚なる感謝の念を申し述べなければならない。本書の編集作業をお引き受けいただいた野沢紀雅と山内惟介の両氏にも、同じく心から御礼を申し上げたい。また、時間のかかる翻訳作業を引き受けていただき、またそのことによって筆者以上の貢献をなされた同僚諸氏各位にも感謝したい。最後に、東京で心暖まる歓迎をいただいたこと、そして日本と日本法についての多くの意見交換をしていただいたことについて、とりわけ野沢紀雅氏に感謝する次第である。

二〇〇二年九月、ミュンスターにて

ハインリッヒ・デルナー

編訳者はしがき

ドイツ連邦共和国ミュンスター大学（Westfälische Wilhelms-Universität Münster）法学部教授ハインリッヒ・デルナー（Prof. Dr. Heinrich Dörner）氏は、同大学と中央大学との学術交流協定に基づく交換教授として、二〇〇二年三月下旬から四週間にわたって日本比較法研究所に滞在された。同教授は、この間、本研究所主催のスタッフ・セミナーでの講演、中央大学法学部における二回の特別講義ならびにゼミナール指導を担当されるなど、その精力的な活動を通じて、研究と教育の両面で両大学間の学術交流に貢献された。

同教授が行った講演では、ドイツの民法ならびに国際私法における現代的な諸問題が論じられ、その内容は、教員と学生双方にとってきわめて新鮮かつ興味深いものであった。編訳者らが、これら三本の講演内容に、ドイツ民法および国際私法の現代的な問題に関する他の論稿を加えた翻訳書の出版を提案したところ、教授はこれを快諾され、既発表の論文二編を挙げられ、さらに消滅時効制度の改革に関する新規の論文を書き下ろされることを約された。このような経緯によって編まれたのが本書である。

原著者ハインリッヒ・デルナー教授は、一九四八年にヴェストファーレンのレーダでお生まれになり、ラインラントのフィルゼンでアビトゥーアに合格された後、一九六六年から一九七〇年までミュンスター大学で法律学を学ばれ、一九七〇年に司法試験第一次試験に、一九七五年に同第二次試験にそれぞれ合格された。その間、一九七三年には同大学から法学博士号を授与されている。さらに、一九七五年から一九八三年までミュンヘン大学（Ludwig-Maxmilians-Universität München）の国際法(比較法)研究所の研究助手を務められ、一九八三年には同大学法学部で教授資格を取得された。その後、エランゲン・ニュルンベルク大学、ミュンスター大学で教鞭をとられた後、一九九四年に、デュッセルドルフ大学（Heinrich-Heine-Universität Düsseldorf）法学部の民法・国際私法・比較法講座の主任教授に就任され（一九九六年から一九九八年まで同学部長）、一九九九年にミュンスター大学に転じられた。現在は、同大学の国際私法・民法講座教授、ならびに国際経済法研究所所長の職にあられる。また、一九九一年からは、フランスのパリ第一〇大学客員教授として定期的に出講しておられる。主たるご専門は民法と国際私法であるが、本書巻末の著作目録からも知られるように、その研究活動は幅広く、法社会学等の基礎法学から消費者保護法や保険法、さらには電子商取引法にまで及んでいる。

前述のように、本書はドイツにおける民法および国際私法の現代的諸問題を取り扱った六編の論文から構成されているが、その配列は序文における原著者の簡明な解題の順序にしたがっている。編集にあたっては、各論文の専門性と訳者の理解に配慮して、章節および注の表記等の最小限度の統一をとるにとどめた。巻末の事項索引は、原著者の原案を基礎とし、日本の読者の関心に即して各論文の訳者が適宜補充したものである。

本書の刊行については、なによりもまず原著者のデルナー教授のご好意に感謝しなければならない。教授は、前述の編訳者らからの申し出を快く受諾されたうえ、追加の論稿を執筆され、さらには必要な資料等を整えて下さった。編訳者らの求めに応じて、速やかに訳出および校正等の作業を進められた訳者各位にも御礼を申し述べたい。最後に、今回の出版にあたっては、中央大学出版部小川砂織氏に一方ならぬお世話になったことを付記しておきたい。

二〇〇三年二月一七日

野沢紀雅
山内惟介

ドイツ民法・国際私法論集——目次

第一章　ドイツ消滅時効法の改革(*)

野沢　紀雅　訳

目次

一　基本思想と改革の必要性

ドイツ民法（BGB）一九四条一項により、請求権は消滅時効に服する。すなわち、他者に対して作為または不作為を求める権利は、一定期間が徒過し、かつそのことによる消滅時効の完成を債務者が援用すれば、もはや行使できないのである。消滅時効の制度は、まず一方において、法的安定性と法的平和に資する。事実として継続した状態は、それが長期間にわたって継続した後になって攪乱されることがあってはならないし、また、［それを争うことが］場合によっては裁判所の負担となることがありうるからである。他方においてこの制度は、後になって請求を受けたときに、自己に向けられた請求権がそもそも成立していなかったとか、あるいはすでに弁済済みであることの証明をもはやなしえないことも少なくないという、債務者の利益を保護している。加えて、債務者は、かなり以前の請求権の弁済のために準備金を留保しておく必要はない、ということも考えられる。[1]むしろ、長期間の経過後に、債権者からの請求権行使はもはやないであろうと債務者が考えても、その前提が合理的である場合が少なくないのである。消滅時効が債権者に対する実質的な公用徴収（Enteignung）の結果となりうることを看過してはならないものの、最終的にはこれらの観点が、いったん取得した請求権の時間的に無制限の実現に対する債権者の利益よりも重視されるのである。

ドイツ民法の消滅時効法は、すでにかなり以前から激しい批判にさらされてきた。[2]とりわけ批判の対象とされたのは、消滅時効規定の全体像が分かりにくいことと、それらに整合性が欠けていることであった。民法だけでも六週間から三〇年にわたる八種類の異なった消滅時効期間を定めていたし、さらに、一三〇か条を超える消滅時効規定が八〇以上の法律に散在していたのである。[3]特に契約上の請求権の消滅時効と不法行為上の請求権のそれとの間で調整がとれていないことは、評価矛盾や適用問題を引き起こし、判例は繰り返してそれらと取り組まなければならなかった。[4] それに加えて、特に売買法の［瑕疵］担保請求権の消滅時効（六か月）は、消費者保護法の観点からはあまりにも短く、また、特則なき場合に適用される一般的消滅時効期間（三〇年）は、基本的に長すぎるものと考えられていた。最後に、消滅時効の進行開始、消滅時効の停止と中断に関する細目的な規律も、判然としない問題を山積させていた。こうしたことにより、消滅時効法の実際的取扱いに困難を来していたのである。

ドイツの立法者は、債務法現代化の機会を、新たな消滅時効法を発効させる目的にも利用した。[5] 二〇〇二年一月一日から施行されている新法は、[6] 消滅時効規定を単純化し、現代化し、そして債権者・債務者間の妥当な利益調整を保証しようとしている。[7] しかしながら、立法者はこの目的を部分的に達成したにすぎない。それゆえに、連邦政府はすでに第二の改革計画を予定しており、その際には、依然として数多く存在している特別規定の統一化がさらに推し進められるものとされている。[8]

二　消滅時効期間

最も重要な変更を含んでいるのは民法新一九五条であろう。この規定は、通常の消滅時効期間を従来の三〇年から三年に短縮し、そのことによって、現代社会における法律関係の清算が一九世紀末の民法典編纂の時代よりも早い周期で行われていることに配慮しているのである。一般的消滅時効の期間を確定するに際して立法者は、不法行為法の基準――すなわち民法旧八五二条一項とヨーロッパ法の基準で設定された製造物責任法（Produkthaftungsgesetz）一二条一項――を指針とし、そこに規定されている期間を契約上の請求権とその他の法定請求権に転用したのである。[9] 特に日常生活上の多種多様な契約から生ずる請求権について二年もしくは四年の消滅時効期間を定めていた、民法旧一九六条、一九七条のような特則は廃止された。それと異なる特則がなければ、常にこの通常の消滅時効によることになる。通常の消滅時効は、求められている法律効果に関わりなく、つまり、たとえば履行請求なのか、契約上もしくは不法行為上の損害賠償請求なのか、また費用償還（たとえば事務管理に基づく）や不当利得の返還であるかに関わりなく、原則としてすべての契約上および法定の請求権に適用される。

そうはいっても、改革法もまた、通常の消滅時効に対する［長短］両方向での変則を認めている。(10) たとえば民法新一九六条は、土地所有権の移転を求める請求権、土地に対する制限物権の設定、移転、消滅もしくは内容的変更を求める請求権については、時効期間の一〇年への延長を規定している。この期間延長は、土地に関する権利の行使の可能性がしばしば外部的な諸手続（土地測量や土地台帳記載、土地登記簿記載、税務署の担税能力証明書）に左右されるという事情を考慮しようとしているのである。つまり、遅延があった場合に、きちんと履行するつもりの債務者に対して早まった措置を執ることを債権者が余儀なくされることのないようにしているのである。(11) 他方、同一の法律関係から発生する複数の請求権の消滅時効期間が異ならないようにするために、それぞれについて取り決められる反対給付に対する（たとえば土地所有権の売買代金に対する）請求権も、延長された消滅時効期間に組み入れられたのである。

民法一九七条一項により、所有権および他の物権に基づく返還請求権（一号）、家族法上および相続法上の請求権（二号）、既判力をもって確定した請求権（三号）、執行可能な和解または執行可能な証書に基づく請求権（四号）、ならびに破産手続における確定により執行可能となった請求権（五号）に関しては、（別段の定めなき限りは）従来の三〇年の消滅時効期間が維持されている。(12) 後の三つの請求権について三〇年の期間が維持されたのは、請求権に債務名義が付与された時点で債務者が無資力であった場合に、債権者に長期的な執行可能性を保持させようとの趣旨によるものである。

他方において、新たな通常の消滅時効よりも短縮された消滅時効期間として、売買および請負契約上の瑕疵に基づく請求権については、原則として二年が規定されている（民法四三八条一項三号および六三四a条一項一号参照）。このほか、土地工作物の瑕疵を原因とする請求権については、従来の五年の消滅時効期間が維持されている（民法四三八条一項二号、六三四a条一項二号）。旧法は、売買法上の担保給付請求権の消滅時効を、動産については交付時より六か月、土地については引渡時より一年と定めていた（民法旧四七七条一項）。この旧法と比較すると、消滅時効期間はかなり延長されており、その結果として、瑕疵ある物を引き渡した場合に引き受けるべき売主のリスクがかなり重くなっている。この点、立法者は、欧州消費者動産売買指令（europäische Verbrauchsgüterkaufrichtlinie）において事業者と消費者間の契約について指示されていた時間的基準[13]を採り入れ、かつ一般化したのである。売買法上の担保給付請求権をも統一的に三年の通常の消滅時効にかからしめようとした連邦司法省の当初の計画は、経済界からの激しい抵抗にあって挫折した[14]。

三　消滅時効の進行開始と最長期間

今回の改革では、消滅時効期間の進行開始についても法状態が著しく単純化された。民法新一九九条ないし二〇一条は、通常の消滅時効の進行開始と特別の消滅時効期間の進行開始、および民法一九七条一項三号ないし五号により確定された請求権のそれを区別するにとどめている。

新法によれば、通常の消滅時効は、民法一九九条一項に従い、当該の請求権が発生し（民法一九九条一項一号）、かつ、債権者が請求権を基礎づける諸事情および債務者本人を知ったか重大な過失なくして知りうべきであった（民法一九九条一項二号）年の終了（一二月三一日二四時）をもって進行を開始する。つまりこの新条文は、期間の進行開始について、客観的要件と主観的要件を組み合わせ、同時に、実用性の観点から進行開始を一律に年の終わりに固定したのである（末日時効（Ultimoverjährung）の原則）。請求権発生と［債務者が誰かの］覚知の時点が一致しない場合には、双方の要件のうち遅い方の要件が備わった年が基準となる。したがって、二〇〇二年の一二月に交通事故で受傷し（請求権発生）、二〇〇三年の一月になってようやく加害者が突き止められたという場合であれば、消滅時効期間は二〇〇三年一二月三一日（二四時）から進行を開始し、民法一九五条に従い二〇〇六年の終わりになって満了するのである。

債権者は、自己の権利の要件事実をその主要部分において知ったときに、請求権を基礎づける諸事情を知ったことになり、また、債務者の氏名と住所が示されたときに、債務者本人を知ったことになる。[15] 債権者が自己の請求権の実現に必要な情報を獲得ないしは認識することを著しく注意を欠く仕方で怠る場合には、重過失による不知が肯定できる。

他方、通常の消滅時効期間に服しない請求権の時効期間は、民法二〇〇条により、（法律上特段の定めなき限りは）年の終わりに至ってからではなく、すでに当該の請求権それ自体の発生時から進行を開始する。このことは、特に民法一九六条ならびに一九七条一項一号および二号に掲げられた請求権に妥当する。つまり、土地所有権の譲渡を求める請求権（民法一九六条参照）の消滅時効は、有効な売買契約の締結の時からすでに進行するのである。これに対し、既判力をもって確定した、ないしは執行可能な請求権（民法一九七条一項三号ないし五号）の消滅時効は、民法二〇一条に従い、通常は、裁判の確定、執行可能な債務名義の設定もしくは破産手続における確定の時点から進行する。

請求権の消滅時効が——民法一九九条一項におけるように——債権者本人［の領域］に属する主観的要件にかからしめられている場合には、客観的に定義された最長期間（Maximalfrist）が債務者の利益において定められなければならない。その期間の満了後は、債務者が時効完成を確実に前提することができるようにするのである。そのようにしておかないと、債権者が請求権の発生もしくは債務者本人を知らない場合には、消滅時効の開始が、したがって消滅時効それ自体もまた、果てしなく引き延ばされることとなりうるのである。法律は、この最長期間を設定するについて、次のように[請求権ごとに]異なった定めをなしている。

人的な法益(生命、身体、健康、自由)の侵害を原因とする損害賠償請求権は、民法一九九条二項に従い、発生および債権者側における[債務者本人の]覚知ないしは重過失による不知に関わりなく、損害発生の原因となった出来事から三〇年の消滅時効にかかる。それは、債務者が加害行為をなした、もしくはなすべき行為をしなかった時点である。それゆえ、たとえば、ある製薬会社が不注意によりある薬剤を流通させ、その薬剤が三五年後に患者に癌疾患を引き起こしたとすれば、当該の薬剤を流通させてから三〇年で消滅時効が完成していることになる。

その他の損害賠償請求権(特に所有権侵害および財産損害を原因とする)は、民法一九九条三項二文に従い、その発生から一〇年(債権者側の覚知もしくは重過失による不知に関わりない)もしくは損害発生の原因となった出来事から三〇年(債権者側の覚知もしくは重過失による不知に関わりない)のうち、いずれか早く満了する方の期間で消滅時効にかかる。助言の過誤の例を挙げよう。(16) ある公証人が、遺言書作成の際にうっかりして誤りを犯した。この間違った助言によって、一五年後の相続開始時に相続人が財産損害を被ったが、助言の誤りも損害の発生もその相続人の知るところとはならなかった。この場合、相続開始の時点における損害の発生から一〇年間、もしくは誤った助言による義務違反がなされた時から三〇年間のいずれかの消滅時効が進行する。基準となるのは満了が早い方の期間であるから、本事例では請求権の発生から一〇年の期間ということになる。

損害賠償以外の他の請求権は、民法一九九条四項に従い、――債権者の覚知もしくは重過失による不知に関わりなく――その発生から一〇年の消滅時効にかかる。

四　停止、満了停止および新たな進行開始

消滅時効期間の進行が開始した後に、時効の完成を法律の定める本来の期日よりも先延ばしさせることが、債権者の利益において妥当と思わしめる事情の生ずることがありうる。その場合には、債権者もしくは債務者の行動や外在的要因が、消滅時効の期間満了時点を修正する効果をもたらすことがありうるのである。民法はそうした諸事情を、——旧法、新法とも実質的には一致しているのだが——停止（Hemmung）、満了停止（Ablaufhemmung）および消滅時効の新たな進行開始（Verjährungsneubeginn——以前は消滅時効の中断（Verjährungsunterbrechung）と呼ばれていた——という法的制度にまとめている。

消滅時効の停止とは、消滅時効の進行が停止されている時間が時効期間に算入されないことを意味する(民法二〇九条)。したがって、結果的には、停止期間が正規の消滅時効期間に付加されることになる。改革法は、以前の停止事由を基本的に受け継ぎ、民法二〇三条に「交渉の継続を原因とする消滅時効の停止」を追加した。さらに、権利追求措置の着手——これは旧法では時効中断の効果を有していた——が、新法では停止事由として構成されている(民法二〇四条)。

問題となっている請求権または請求権を基礎づける事情について、債権者と債務者との間で交渉が持たれている場合には、現在では民法二〇三条一文に従い、当事者の一方が交渉の継続を拒絶するまで消滅時効の進行が停止される。その場合に消滅時効が完成しうるのは、停止の終了後早くとも三か月後である(民法二〇三条二文)。この規律は歓迎すべきである。この規律は、争いないしは疑念のある請求権に関する交渉を一切の時間的圧迫から解放し、そうすることで、まずは話し合いによる紛争解決を試みるような気持を債権者に持たせるのである。これによって、法的紛争したがって

司法機関の負担が回避できるという期待も高まる。これは法政策的にも望ましいことである。

「請求権」および「交渉」という概念は、この規定の意味と目的に従い、この文脈においては広く解釈されるべきである。請求権の存在・不存在に関するあらゆる意見交換が「交渉」と解される。停止が終了するのは、交渉を打ち切りたい旨を、当事者の一方が明瞭かつ一義的に表明した場合である。[(17)] そのような一方当事者の（一義的な）意思表明なしに交渉が「休眠」状態にある場合には、信義誠実に照らして一方当事者の次の一歩が期待しえなくなったと考えられる時点で停止が終了する。[(18)] 債権者にとって思いがけない仕方で契約交渉が打ち切られた場合でも、訴えの成功の見通しを検討し、それに着手するために、民法二〇三条二文により、常に少なくとも三か月の期間が債権者に残されているのである。

旧法は、特に訴えの提起や督促決定の送達といった権利追求措置を消滅時効の中断［事由］として構成し、中断までに経過した時間が期間計算の際に考慮されず、中断の終了後に期間が新たに進行するという効果を与えていた。これに対して現行の民法二〇四条は、権利追求の個別的措置を停止事由として構成している。たとえば、給付もしくは確認の訴えの提起、督促手続における督促決定の送達、裁判上の相殺、仮差押え・仮処分の申立ての送達、あるいは破産手続における請求権の届出がそうである（詳しくは民法二〇四条一項の列挙事項を参照）。

停止は、既判力ある裁判もしくは着手された手続の他の方法による終了の、それぞれ六か月後に終了する（民法二〇四条二項一文）。消滅時効期間のうち停止の開始までに経過していなかった残余の部分が、この時点からさらに進行するのである。ただし、当該手続が請求権の既判力ある確定によって債権者に有利に終了すれば、民法一九七条一項三号による新たな三〇年の消滅時効期間が、その裁判の確定時点から開始する（民法二〇一条一文）。

さらに、債務者が債権者との合意に基づいて一時的な給付拒絶権を有している間は、消滅時効が停止される（民法二〇五条）。たとえば、事後的になされた弁済猶予の合意の場合がそうである。また、消滅時効期間の最後の六か月以内に、不可抗力（事故、突然の発病、司法手続における過誤等々）により債権者が権利追求を妨げられていた場合にも、その期間中は消滅時効が停止される（民法二〇六条）。債権者と債務者の間に人的関係、特に家族関係がある場合には、訴えによる請求権の行使が、家族の平和ないしは当事者間の信頼関係を後々まで損ねてしまうことがありうる。そこで民法二〇七条一項は、一定の場合において、当該の関係が継続している期間中、消滅時効の停止を命じている。つまり、夫婦間もしくは登録生活パートナー関係のパートナー間の請求権［の消滅時効］は、婚姻ないし生活パートナー関係が存在している間、停止されるのである（民法二〇七条一項一文、二文一号）。親と子ないしは継親と継子の間の請求権についても、子が未成年である期間中について同じことが妥当する（民法二〇七条一項二文二号）。

最後に、新法によれば、性的自己決定の侵害[19]を原因とする請求権［の消滅時効］も、未成年の被害者が満二一歳に達するまでは停止される（民法二〇八条一文）。このことにより、犠牲者保護を強化するという利益において、以下のことが保障されるのである。すなわちそれは、子どもの法定代理人が、たとえばその子を精神的ストレスにさらしたくないとか「スキャンダル」を避けたいために、民法上の請求権の追求を断念していた場合に、その損害賠償請求権がその子の未成年中に消滅時効にかかることはありえない、ということである[20]。年齢の上限が延長されているのは、当初未成年であった犠牲者が満一八歳で成年となっても（民法二条参照）、すぐには自分で賠償請求権を追求する心理状態にならないことが少なくない、という事情に配慮しようとしているのである。さらに、債権者と債務者が同じ家庭で生活している場合には、その生活関係が解消されるまで賠償請求権［の消滅時効］は停止される（民法二〇八条二文）。たとえば、非婚生活共同体にある成年のパートナーの間でなされた、性的自己決定に対する不法行為の場合には、これが適用される。

満了停止とは、消滅時効期間の終了が延期される場合をいう。民法二一〇条には、行為無能力者または行為能力を制限されかつ訴訟能力を有しない者が法定代理人を有しない場合について、このような規律が置かれている。その場合には、その者にとって有利なものであれ不利なものであれ、進行中の消滅時効は六か月間延長され、消滅時効期間がそれより短い場合にはその期間分だけ延長されることになる。その期間は、完全な行為能力が生じた時、もしくは代理の欠缺が除去された時から進行を開始する（民法二一〇条一項一文）。つまり、完全な行為能力を有しない者は、正規に代理されていないために自身の請求権が消滅にかかってしまうことから保護されるのである。満了停止は、他方において、行為能力なき者の債権者のためにも機能する。もしそれをしておかなければ消滅時効にかかるおそれがあるという理由だけで、債務者の行為能力を明らかにする措置を執る必要性が、これによって除かれるからである。[21] これと類似の規律は、遺産に属するもしくは遺産に対する請求権の消滅時効について、相続人および遺産債権者の保護のためにも妥当する（民法二一一条）。

最後に、債務者が自己に給付義務のあることをはっきりと表明した場合（民法二一二条一項一号）、債権者が裁判所もしくは官庁の執行行為を申し立てたか、またはそのような行為が実行された場合（民法二一二条一項二号）には、消滅時効が新たに進行を開始する。つまり、それまでに経過した時間は、［時効期間の］算定から除外される。

前者の場合には、承認した債務者は消滅時効の［期間］満了による保護を必要としない。他方、債務者が自己の義務を受け入れたことを信頼したがために、債権者が権利追求措置に着手しないこともありうるのである。民法二一二条一項一号の意味における承認とは、債務者が債権の存在を認識していることを――明示的もしくは黙示的に――はっきりと表明する、一切の行為である。[22] 法律に挙げられている一部弁済、利息の支払い、担保の供与（民法二三二条参照）の他に考えられるのは、たとえば弁済猶予の申し入れ[23]や和解交渉の受け入れである。

執行行為（民法二一二条一項二文）によって債権者が債務名義ある請求権の消滅時効を防ぐことができるのは、それによって、債権者自身があくまでも請求権の満足を求めることをはっきりと示しているからである。

五　消滅時効に関する約定

法律の定める消滅時効期間の長さが常に当事者の利益に合致しているとは限らない。そこで、時効の進行開始およびその継続期間について、法律の基準を合意によって変更できるかどうか、どの程度の枠内で変更できるかということが問題となる。旧法(民法旧二二五条)によれば、消滅時効を法律行為によって排除することも加重することも原則としてできなかったが、それを軽減することは可能であった。(24)それゆえこの規律は、債権が時効にかからないことや消滅時効期間の延長から債務者を保護し、同時に、債権者の負担において期間を短縮する約定はこれを原則的に許容していたのである。たしかに新法も、これと同様に消滅時効に関する一定の約定が許されないことに関する規律を民法二〇二条に置いている。しかし、この規定を背後で支えているのは、消滅時効の軽減または加重は契約自由(民法三一一条一項)により原則として許容されてあるべきだ、という命題である。(25)消滅時効に関するその種の約定は、特定の時点に拘束されるものでもない。それゆえ、請求権の発生前に後に開始する消滅時効についてその約定をなすことも、進行が開始した後にすでに進行中の消滅時効についてその約定をなすことも、当事者がそれを合目的的と考える限りは原則的に可能なのである。

そのことは、まず、たとえば消滅時効期間を短縮し、それにより債権者の負担において時効の早期完成を可能にする合意に妥当する。しかし民法二〇二条一項は、債務者が故意になした行為に起因する(損害賠償)請求権について、その消滅時効の完成を前もって容易にするような約定は許されない旨、はっきりと述べている。これに対して、同じ内容の合意であっても、それが請求権の発生の後になされる限りは許される。消費者動産売買契約における担保給付請求権に関する消滅時効の約定は、それが買主から事業者に対する瑕疵の通知前になされる場合には限定的にしか許されないのであり、その場合の消滅時効期間は、新品については二年を、中古品については一年をそれぞれ下回ることができない（民法四七五条二項）。これを別として、普通取引約款においてなされる消滅時効軽減の約定については、民法三〇七条一項および二項による内容規制の一般準則[26]が妥当する。

契約もしくは債務者の一方的放棄によって消滅時効を加重すること、つまり債務者の負担となるように法律規定を修正すること（たとえば、開始時の延期、期間の延長、停止事由の拡大）は民法二〇二条二項によって許されるが、法定の消滅時効開始から三〇年をもって限度とする。普通取引約款における消滅時効加重の取り決めは、これまた民法三〇七条一項および二項の内容規制に服する。

六　消滅時効の法律効果

民法旧二二二条一項と同じく新法も、債務者は消滅時効の完成後に消滅時効の抗弁の提出によって永続的な給付拒絶権を獲得することを規定している（民法二一四条一項）。つまり、この抗弁の提出が請求権を消滅させるようなことはないのであり、その強制可能性（Durchsetzbarkeit）を妨げるにとどまるのである。実際の場面では、時効完成の要件が充足されているにもかかわらず、債務者がこの抗弁を行わないことがしばしば見られる。たとえば、債権者との良好なコンタクトを悪化させたくないとか、あるいは特に、既存の取引関係を危険にさらしたくないということがその理由である。消滅時効の完成にもかかわらず債務者が自身の給付を行えば、消滅時効を知らずに給付した場合であっても、債務者がその返還を求めることはできない（民法二一四条二項一文）。
ある請求権の消滅時効が他の権利主張とどのような関係に立つかという問題を扱っているのが、民法二一五条ないし二一八条である。

民法二一五条によれば、消滅時効にかかった請求権をもって相殺する（民法三八七条以下）ことや、その請求権を留置権（民法二七三条参照）の根拠とすることも、最初に相殺が可能となった、もしくは給付を拒絶できた時点においてその請求権がまだ消滅時効にかかっていなかった場合であれば、可能である。

債権が消滅時効にかかっているにもかかわらず、民法二一六条一項によれば、そのために設定された物的担保は存在し続けるのであり、したがって債権者は抵当権（民法一一一三条以下）や質権（民法一二〇四条以下）から引き続き債権の満足を求めることができる。債務者が債権者に土地債務（民法一一九一条以下）を担保として設定していた場合、ある物を担保のために譲渡していた（民法九三〇条参照）場合、あるいは担保目的で債権の譲渡（民法三九八条以下）をなしていた場合には、債務者は、被担保債権が消滅時効にかかっているにもかかわらず、その返還を請求することができない（民法二一六条二項一文）。所有権留保（民法四四九条）の約定により、売主は自己の［代金］支払請求権がすでに消滅時効にかかっている場合でも、契約を解除することができる（民法二一六条二項二文）。

果実（民法九九条）、収益（民法一〇〇条）および費用のような付随的給付に対する請求権は、たとえば遅延損害の賠償に対する副次的請求権と同様に[27]、それらに適用される消滅時効規則では本来的にはまだ時効にかかっていなかったとしても、遅くともそれらの基礎となっている主たる請求権とともに消滅時効にかかる（民法二一七条）。

売主もしくは事業者が売買契約（民法四三三条以下）もしくは請負契約（民法六三一条以下）の枠内において自己の給付を定められたとおりに行わない場合には、新法によれば、買主もしくは注文主には、まず第一に追完、すなわち瑕疵の除去、

[瑕疵なき物の]新たな引渡しないしは新たな製作(民法四三七条一号、四三九条および六三四条一号、六三五条)を求める請求権が与えられ、補助的に——期限の設定が功を奏しなかったときに——契約を解除する権利も認められる(民法四三七条二号、六三四条三号、三二三号)。この給付請求権もしくは追完請求権が消滅時効にかかっている場合において債務者が時効を援用すれば、債権者はその解除権についても有効にこれを行使することができなくなる(民法二一八条一項一文)。民法一九四条では請求権だけが消滅時効にかかり、解除権のような形成権は消滅時効に服しないにもかかわらず、この場合には請求権の消滅時効が解除[権]にも貫徹されるのである。しかしながら、双方の給付が——買主もしくは仕事の注文主の(無効な)解除の後に——返還されているならば、売主もしくは請負事業者は支払った金銭の返還を求めることはできないのである(民法二一八条二項、二一四条二項)。

(＊) 本章は本書のために書き下ろされたものであり、原題は Die Reform des deutschen Verjährungsrechts である。なお訳文中の[ ]は訳者による補いである。また、ドイツ民法の改正条文については、岡孝 編・契約法における現代化の課題(法政大学出版局、二〇〇二年)一八一頁以下「ドイツ債務法現代化法(民法改正部分)試訳」を参考にさせていただいた。

(1) BGHZ 59, 72 (74); 128, 74 (82 f.) 参照。

(2) さしあたり *Peters / Zimmermann*, Verjährungsfristen, in: Bundesministerium der Justiz (Hrsg.), Gutachten und Vorschläge zur Überarbeitung des Schuldrechts, Bd. I (1981), 77 ff. を参照。より最近の改正論議としては、*Zimmermann*, JZ 2000, 853 ff.; *Zimmermann / Leenen / Mansel / Ernst*, JZ 2001, 684 ff.; *Leenen*, JZ 2001, 552; *Willingmann*, VuR 2001, 107 ff.; *Bydlinski*, in: *Schulze / Schulte-Nölke*, Die Schuldrechtsreform vor dem Hintergrund des Gemeinschaftsrechts (2001), 381 ff.; *Eidenmüller*, in: *Schulze / Schulte-Nölke*, a.a.O. 405 ff. 等を参照。

(3) 債務法現代化法草案理由 (die Begründung zum Entwurf eines Gesetzes zur Modernisierung des Schuldrechts = 以下 Begründung と

して引用）, Bundestagsdrucksache 14/6040 vom 14. 5. 2001, S. 91 参照。
（4）さしあたり、BGHZ 55, 392（397）; 66, 315（319）; 67, 359（366）; 68, 307（310）, 116, 297（300）; 119, 35（41）; 130, 288（293）参照。
（5）改革の歴史に関しては、特に *Mansel / Budzikiewicz*, Das neue Verjährungsrecht（2002）, 21 ff. を参照。
（6）Gesetz zur Modernisierung des Schuldrechts, BGBl. 2001 I, 3118 ff.
（7）Begründung, BT-Drucks. 14/6040, 100 ff., 104 f. 参照。
（8）連邦政府の反対意見（BT-Drucks. 14/6857, S. 42）参照。
（9）Begründung, BT-Drucks. 14/6040, S. 104.
（10）立法者は、民法に従来から存在している期間の異なる多数の特別規定を(当面のところ)変更しなかった。
（11）Begründung, BT-Drucks. 14/6040, S. 105.
（12）さらに、追完または損害賠償を求める、売買法上の瑕疵に基づく一定の請求権について消滅時効を定める民法四三八条一項一号も参照。
（13）Richtlinie 1999/44/EG des Europäischen Parlaments und des Rates v.25. 5. 1999 zu bestimmten Aspekten des Verbrauchsgüterkaufs und der Garantien für Verbrauchsgüter（ABl. EG Nr. L 171, S.12 ff.）五条一項参照。
（14）このことについては、さしあたり *Mansel / Budzikiewicz*（前注（5））, 119 m. w. Nachw. 参照。
（15）BGH NJW 1998, 988（989）参照。
（16）Begründung, BT-Drucks. 14/6040, S. 109 による。
（17）BGH NJW 1998, 2819（2820）参照。
（18）BGH NJW 1986, 1337（1338）参照。
（19）刑法一七四条以下参照。
（20）Begründung, BT-Drucks. 14/6040, S. 119.
（21）Begründung, BT-Drucks. 14/6040, S. 120.
（22）BGHZ 58, 103（104）参照。

(23) BGH NJW 78, 1914 参照。

(24) 売買契約法と請負契約法における短期の時効期間の延長は例外であった(たとえば、民法旧四七七条一項二文、六三八条二項参照)。

(25) たとえば、*Handkommentar zum BGB / Dörner*, 2. Aufl.(2002), §202 Rn. 1; *Mansel / Budzikiewicz*(前注(5)), 183 を参照。

(26) 以前は AGB-Gesetz 九条一項および二項に置かれていた。

(27) たとえば、BGHZ 128, 74(81)を参照。

第二章　ドイツ法における生活パートナー関係
――法的差別の終焉(*)

野沢　紀雅／宮本　ともみ 訳

目　次

一　前史

二〇〇一年八月一日、ドイツでは「同性者間の共同体（生活パートナー関係）に対する差別を終結させるための法律（Gesetz zur Beendigung der Diskriminierung gleichgeschlechtlicher Gemeinschaften: Lebenspartnerschaften）」[1]が施行された。それ以来、ドイツ法では初めて、同性愛ペアが共同生活をするための法的枠組を提供する法制度、すなわち「登録生活パートナー関係（Eingetragene Lebenspartnerschaft）」が存在することとなった。その中に示された同性愛傾向を持つ男性たちや女性たちに対する社会的な寛容さは、法秩序がつい数年前までこの現象に拒絶的に対峙していたことを考えれば驚くべきことである。

民法の観点からは、同性愛パートナーたちの共同生活に関連した、あるいはそれに起因する取り決めは、良俗違反とみなされ、それゆえに無効（民法（BGB）一三八条一項）とされていた。一九八四年になって初めて、連邦通常裁判所（BGH）[2]がその種のパートナー関係の良俗違反性を否定し、そのパートナー関係にも基本法上の保護（基本法（GG）一条一項と結びついた二条一項）が適用されるとの立場に立った。刑法上は、男性間の同性愛的行為を処罰する悪名高い刑法一七五条が、一三〇年間にわたって実際に効力を有していた。この規定は、一九六九年および一九七三年に緩和され、長い議論の末、ようやく一九九四年になって完全に廃止されたのである[3]。

一九八〇年代の末以降、他のヨーロッパ諸国では同性ペアに関する規整を実施する例が増加し（後述二を参照）、欧州議会が、一九九四年の「欧州共同体における同性愛の男性および女性たちの同権のため」の決議において、同性のペアに婚姻［の道］を開くこと、あるいは少なくとも、婚姻に結びつけられるすべての法的効果の付与を求めて以降[4]、ドイツでもこのような人々の法的保護を求める声がますます高まってきたのである。もっとも、社会的な議論は非常に対立した形で行われたし、現在でも依然としてそのような状態にある。しかも、ほかならぬ政党政治レベルでもそのような対立構造が存在するのである。たとえば、生活パートナー関係法は与党票（社会民主党および環境党「緑の党」）によってたしかに連邦議会では可決されている。しかしながら、保守のキリスト教民主主義者たちがこの自由化を厳しく拒絶しており、しかも、彼らの党（キリスト教民主同盟（CDU）／キリスト教社会同盟（CSU））が連邦参議院――「第二院」――で多数を占めているために、立法手続においては、元々の法律案を二つに分割しなければならなかったのである。現在可決されている生活パートナー関係法に含まれている民事法規定は、連邦参議院の同意を要しないものなのである。これに対して、その同意を要する諸規定は「生活パートナー関係補足法（Lebenspartnerschaftsergänzungsgesetz）」に移され、その中にはとりわけ手続法、税法、社会法および公務員法に関する諸規定が含まれている。この第二の法律は、二〇〇〇年一一月一〇日に連邦議会によって承認されはしたものの、二〇〇〇年一二月一日に連邦参議院で暗礁に乗り上げた状態になっている[5]。目下のところ、「両院協議会」において連邦議会と連邦参議院との間で妥協点を探る試みが行われているが、それが功を奏する見通しはあまり良好とはいえない。

二　比較法的概観

ヨーロッパでは、性の自由化の流れの中で、同性愛のパートナー関係をめぐる環境も、過去一〇年間で根本的な変化を遂げている[6]。デンマークは、すでに一九八九年に、世界で初めて同性愛のパートナー関係の登録を可能にした[7]。デンマークの立法は、他のスカンジナビアの国々において――ノルウェー（一九九三年）[8]、スウェーデン（一九九四年）[9]およびアイスランド(一九九六年)[10]――これに相当する規整のモデルとなった。これらの国々においては、登録パートナー関係は同性愛ペアだけに開かれている。実質的には、婚姻と同じ法的効果が認められており、婚姻の諸規定が概括的に準用されている。

中南欧の国々は、スカンジナビア諸国と対照的である。そこでは、同性愛のパートナー関係と異性愛のパートナー関係とを同列に置く傾向を確認することができるのである。これまでに最も先進的な発展を遂げているのはオランダ法である。オランダでは、すでに一九九八年から[同性愛のパートナー関係と異性愛のパートナー関係との]双方の場合に、登録パートナー関係が実現可能とされていたが[11]、二〇〇一年四月一日からは、民法上の婚姻が同性愛ペアにも開かれるようになっている[12]。またそれ以来、これらの人々が(オランダ国籍の)子どもを共同で養子にすることもできるようになった。

フランスの規整[13]――いわゆる「民事連帯契約 Pachte Civil de Solidarité(PACS)」――もまた、たしかに同性愛ペアにも異性愛ペアにも同じように開かれているが、規律されている内容は婚姻法よりもはるかに少ない。登録の効果とされているのは、パートナー間における相互扶助の義務、社会保障制度への組み入れ、および、相続税法上の一部軽減措置である。しかし、それ以上の法的効果は規定されていない。その解消についても、離別手続は必要でなく、単なる解約告知[関係解消の意思表示]による解消が可能である。スペインでも、カタロニア(一九九八年以降)とアラゴン(一九九九年以降)において、同性愛ペアにも異性愛ペアにも登録パートナー関係が可能となっており、その効果は、PACSに類似している[14]。二〇〇〇年一月一日の「法定の共同生活」に関するベルギーの法律も、[同性愛と異性愛]両種の二者間関係のために開かれている[15]。その効果は、ここでも婚姻の場合よりも弱いものとなっている。

最後に、ハンガリーは、同性愛ペアによる事実上の生活パートナー関係を異性愛ペアのそれと同列に置くことで満足している。それにより、婚姻類似の生活パートナー関係の保護に用いられる個々の規定が、正式の登録行為のない同性愛のパートナー関係にも適用できるとされているのである。[16]

三　生活パートナー関係の設定

1　要件

生活パートナー関係の設定は、婚姻の締結にならって構成されている。性を同じくする二人の者がみずから同時に管轄官庁[17]に出頭して、自分たちが終生にわたるパートナー関係を営むことを欲する旨の意思表示をしなければならない（生活パートナー関係法［以下 LPartGと略称］一条一項一文）。それに加えて、その者たちは自分たちの今後の財産制（Vermögens-stand）についての表明（Erklärung）を行わなければならない（LPartG 一条一項四文、六条一項）。以下の場合には、生活パートナー関係の設定は無効となる。すなわち、パートナーの一方が未成年者あるいは既婚者である場合、または、すでに別の生活パートナー関係を営んでいる場合（LPartG 一条二項一号）、パートナーらが直系血族あるいは兄弟姉妹の関係にある場合（LPartG 一条二項二号、三号）、さらに、虚偽表示が行われた場合、つまり、パートナーたちが実際には互いに対して責任を負う意思（LPartG 二条参照）を有しない場合である（LPartG 一条二項四号）。

しかしながらこの法律は、生活パートナー関係の成立をパートナーたちの性的志向にかからしめてはいない！[18] たしかに、法政策的な方向づけからすれば、この法制度は、ほかならぬ同性愛の人々が法的に保障された連帯的共同関係（Solidargemeischaft）で共同生活できるようにすることにある。しかし、この立法趣旨は法律規定の文言に具体的に示されなかったのである。それゆえに、同性愛的傾向を持たない女性二人あるいは男性二人であっても、生活パートナー関係を設定することができる—たとえば、そのような関係における相互の扶助や保障のために互いに結束する年配の人々がそれである[19]。

さらに、成立要件に関する法律規定には三つの点で不備があり、その結果、法律文献上最初の議論がすでに始まっている。

2　生活パートナー関係は婚姻障害か？

まず第一に不可解なのは、パートナーの一方がすでに婚姻している場合には、生活パートナー関係を設定することができない（LPartG 一条二項一号）とされながらも、その逆の場合——すでに生活パートナー関係を成立させており、かつ、そのパートナー関係が継続している者は、婚姻することが許されるのか？——について、立法者が規定を置かなかったことである。夫婦になろうとする者に対して民法一三〇六条が定めているのは、重婚の禁止だけである。たしかに、何人も婚姻と生活パートナー関係を同時に営むことはできないという点については、結論的な一致がある。もしそれができるとしたなら、たとえば財産権や扶養法、相続法[20]の領域において、きわめて解決の難しい諸問題を引き起こすことになるであろう。しかしながら、どのようにすればこの問題点が克服できるかについては疑問が多く、理論的に争われている。ある見解は、婚姻の締結と同時に生活パートナー関係が自動的に解消されているという[21]。他の見解によれば、民法一三〇六条（重婚の禁止）が準用されるという[22]。この立場では、婚姻の締結にあたっては、既存の生活パートナー関係が婚姻障害であることを承認しなければならないであろう。私は、前者の見解は、その帰結において全く言語道断であると考える。［その見解によった場合］生活パートナーのための信頼保護がどこに残されるのであろうか？　正当な解決となりうるのは、生活パートナー関係をそのために規定されている手続（LPartG 一五条）で廃止し、その時までは民法一三〇六条を類推して、生活パートナー関係の存在を婚姻障害として承認することだけであろう。それが、婚姻締結の自由に対する――憲法に反するがゆえ――許されない制限[23]となることはない。何といっても、現時点で婚姻締結を欲しているパートナーは、それ以前に原則として終生の継続を念頭に置いたパートナー関係を自覚して締結しているのである。その点を考慮すれば、婚姻締結の前に、生活パートナー関係を終結させる正規の廃止手続を実行することを、その者に期待してよいのである。

3　無効原因の主張

第二に、LPartG 一条二項の無効原因がどのような方法で主張されるべきかという点についても、立法者は何ら指示していない。たとえば、パートナーの一方が未成年者であった場合、すでに他の生活パートナー関係を営んでいた場合[24]、あるいは、パートナー関係が仮装[目的]のためにのみ結ばれた場合における問題である。婚姻締結の瑕疵は、裁判所における特別の取消手続（Aufhebungsverfahren）において陳述される（民法一三一三条以下）。しかし、生活パートナー関係にはそのような規律が欠けている。そのことを根拠として、支配的見解は、パートナー関係を締結する際の瑕疵は法律上当然に、かつ別段の手続を要せずして当該関係を無効にするとの結論を導いている[25]。しかしながら、この立場では、個別事案において当事者の人的身分をかなり不安定にさせる結果となりうるであろう。第三者も直ちに無効を援用できることになるであろう。パートナーの一方が、長年の共同生活の後に、卒然として、他方に当該関係の無効を突きつけることもできることとなろう。広範な帰結を伴う家族法上の契約には法的安定性という思考が欠かせないのであり、前記のような事態をこの思考と調和させることはきわめて困難であるように思われる。それゆえ、パートナーの一方あるいは第三者が当該関係の無効を援用をするには、それに先だって、無効原因が裁判所の廃止手続において（LPartG 一きであろう。

五条の類推[26]、もしくは少なくとも確認の訴え（民事訴訟法（ZPO）二五六条）の方法で主張されなければならないと解すべ

4　意思の瑕疵の取扱い

もし、支配的見解のいうように、契約締結の一般準則が生活パートナー関係の成立に適用されるとすれば、そもそも錯誤、詐欺あるいは強迫を理由とする［パートナー関係］締結の取消し（民法一一九条、一二三条）も可能なのかという問題が出てくる[27]。この考え方を徹底させれば、パートナーの一方が他方の取引上の本質的な属性——もしかするとその者の資産も含む？——について思い違いをした場合（民法一一九条二項）、あるいは、一方のパートナーが詐欺によって（民法一二三条一項）パートナー関係を締結するよう仕向けられた場合には、その者はパートナー関係を遡及的に（民法一四二条！）排除することができる、ということを意味するであろう。

婚姻法を改めて一瞥すると、たしかに、幾種類かの意思の瑕疵は婚姻法において十分に考慮されている（民法一三一四条二項参照）けれども、それもやはり正式の手続において主張されなければならないということが分かる。これは、生活パートナー関係締結時における意思の瑕疵の取扱いについての有用なモデルというべきであろう。それゆえに、婚姻の瑕疵に適用される民法一三一四条を類推適用して、意思の瑕疵のうちの特定のものだけを考慮すべきである。たとえば、パートナーの資産状態についての錯誤が、［関係］解消をもたらすことはありえない（民法一三一四条二項三号後段）。手続に関しては前述したことが妥当する。取消しの意思表示だけでよいとするのは、法的安定性の原則とも、また当事者の諸利益とも一致しないように思える。それゆえ、意思の瑕疵の主張も、どんな場合であれ、正式の手続において——たとえば、LPartG一五条を類推して——行われなければならないと解すべきであろう。

四　生活パートナー関係の民事法上の効果

生活パートナー関係の法的効果は、個々の点では顕著な相違が認められるとはいえ、［基本的には］婚姻の法的効果に合わせて規定されている。

1　人的な権利・義務

人的な観点では、生活パートナーたちは互いに、夫婦と同様に、相互の援助および扶助の義務ならびに共同の生活形成の義務を負う。パートナーたちは互いに対して責任を負う（LPartG二条）。これもまた婚姻と同様に、パートナー関係は、パートナー同士が助力（たとえば商売において）、扶助（たとえば病気の場合）、相互の尊重、情報提供および共同生活上の事項への協力を求める諸々の請求権を発生させるところの、援助共同体（Beistandsgemeinschaft）である。[28]

お互い同士の関係において、生活パートナーは、重過失にわたらない限り（民法二七七条参照）自己の通常の事務に対するのと同一の注意義務を負うにすぎない（LPartG四条）。このことは、不法行為に基づく諸請求権（民法八二三条以下）にも、家族法上の特殊な関係としてのパートナー関係に由来する義務違反を原因とする請求権（民法二八〇条一項［債務不履行による損害賠償］参照）にも妥当する。

しかし、これに相当する婚姻法の規定（民法一三五三条一項）と比べて注意を引くのは、パートナーが「共同の生活形成（gemeinsame Lebensgestaltung）」に対する義務だけを負うのであって、「生活共同体（Lebensgemeinschaft）」を営む義務は負っていないということである。それゆえ、支配的見解によれば、生活パートナーには家庭的同居の義務も、性的な共同関係を営む義務も存在しない(29)。もちろん、この原則が無条件で現実に妥当しうるかどうかは疑わしいと思われる。[なぜなら]一方では、たとえば、パートナーが病気になり看護を必要とする場合、あるいはパートナーの一方が自分の住居を失い、他方に受け入れを求める場合には、パートナー関係に基づいて、パートナーと一つ屋根の下で暮らすことを義務づけられるのは必定であろう(30)。また、他方では、共同の生活形成に対する義務からは、性的領域においてもパートナーに敬意をもって接する義務、パートナーの願望を尊重する義務、性的共同関係を強要しない義務、また、もしかするとパートナーに貞節である義務さえも導き出すことができるのである(31)。

2　生活パートナー関係上の氏

生活パートナーらは――夫婦とまったく同様に(民法一三五五条)――一方のパートナーの出生氏を生活パートナー関係上の共通の氏に指定することができる(LPartG三条一項一文、二文)。この指定はパートナー関係を設定する際に行わなければならない(LPartG三条一項三文)。自分の氏がパートナー関係上の氏に選択されないパートナーは、自分の出生氏をパートナー関係の氏に前置もしくは後置することができる(LPartG三条二項一文)。その者は、パートナー関係が終了した場合であっても、原則として、生活パートナー関係上の氏を保持する(LPartG三条三項一文)。

3　生活パートナー関係継続中の扶養

LPartG五条一文により、生活パートナーたちは互いに適当な扶養をなす義務を負う。これは、LPartG二条に規定された援助および相互扶助の義務の帰結である。扶養義務の内容的範囲については、原則として、婚姻法の該当規定が準用されている(LPartG五条二文、民法一三六〇条a、一三六〇条b)。ただしその際、婚姻法においてきわめて重要な規定が

［準用から］除かれている。すなわち、民法一三六〇条二文である。この規定によれば、家事を運営する一方配偶者は、それにより自分の扶養義務をも履行するものとされている。この点において、立法者は、通常双方のパートナーが職業に従事しており、子どもを養育することもなく、その結果として共同の家事もパートナー双方によって運営される、という同性ペアの実生活を念頭に置いていたのである。(32) もちろん、生活パートナーたちが、一方が職業に従事し他方が家事をみるというやり方で自分たちの生活方式を決めたのであれば、民法一三六〇条二文を類推して、家事運営もまた扶養の提供として認めなければならないであろう。

4　清算共同制という財産制

財産権に関わる問題についてみれば、生活パートナー関係の効果はいくつかの点で婚姻の効果と異なっている。婚姻法における法定夫婦財産制は付加利得共同制（Zugewinngemeinschaft）である（民法一三六三条以下）。付加利得共同制は原則として別産制である。すなわち、いずれの配偶者も自分が持参した財産および婚姻中に取得した財産を保持し、引き続きその処分権限を有するのである。しかし、死亡あるいは離婚によって婚姻が解消されるときは、夫婦各自について婚姻中に取得された付加利得が算出される。付加利得とは、終局財産が当初財産を上回る額のことである（民法一三七三条）。そして、夫婦双方の付加利得を比較して、一方の付加利得が他方のそれを上回っていれば、その超過分が分配されるのである。その場合には、付加利得の少ない方の配偶者が他方配偶者に対して超過分の二分の一を請求する権利を有することになる。

生活パートナー関係の法では、実質的には同じことが考えられているにもかかわらず、［夫婦財産制を意味する］„Güterstand“ではなく„Vermögensstand“という用語が使われている。「法定の財産制（gesetzlicher Vermögensstand）」は規定されていないので、パートナーたちは生活パートナー関係に入る前に自分たちの今後の財産関係に関する表明を行わなければならない（選択義務：LPartG 六条一項一文参照）。その際には二つの選択肢がある。パートナーたちが、LPartG 六条二項により内容的には夫婦間の付加利得共同制に合致し、また基本的に婚姻法の該当条項の準用によって規律されている（LPartG 六条二項四文）ところの、いわゆる「清算共同制（Ausgleichsgemeinschaft）」で生活しようとする場合には、生活パートナー間における無方式の合意で足りる（LPartG 七条二項参照）[33]。したがって、この合意は口頭で行うこともできる。

それに対して、生活パートナーたちが自分たちの財産権上の関係に別の形態を与えようとするのであれば、その者たちは——パートナー関係の設定の前に——パートナー双方が同時に出頭して公正証書による生活パートナー関係契約を締結しなければならない（LPartG 六条一項二文、七条一項）。この契約において、生活パートナーたちは清算共同制を修正することもできるし、夫婦のために用意されている財産制（財産共同制あるいは別産制）[34]を選択することもできるし、あるいは、自分たちの財産関係を自由に構成することもできる。

清算共同制に関する合意もしくは生活パートナー関係契約の締結が無効であるときは、法律により（LPartG 六条三項）別産制となる。

清算共同制の合意の方式要件は最小限度にとどまるから、財産制に関してはこの種の関係が事実上の通例となるものと推測される[35]。そこには、基本構想に関わるいくつかの矛盾がある。婚姻法における付加利得共同制が追求する目的は、家事や子どもの面倒を見ていたために婚姻中常勤職に就いていなかったとか、あるいは、常にフルタイムで働いていたのではない配偶者にも——これは今日でもなお、たいていは妻である——婚姻中に生じた財産増加の分配にあずからせることにある。しかし、［ここで問題としている］生活パートナー関係の前提に置かれているのは、——前述したように

――同性ペアの多くは伝統的な「主婦婚」に対応する形での共同生活を営んではおらず、子どもがいないために通常はパートナー双方とも就業している、という考え方である。そのような場合には、清算共同制は必ずしも利益適合的ではない。清算共同制が離婚と類似した廃止（Aufhebung）によって（後述五2を参照）終了する場合には特にそうである。[36] その場合には、財産制としてはむしろ別産制が適当であったと考えられる。もしも、パートナーの一方の付加利得が多い場合にそれを他方のパートナーに分配させることで、生活パートナー間の連帯を財産権の領域でも表現しなければならないと、立法者がすでに考えたのであるとすれば、生活パートナーのために年金扶助の清算（Versorgungsausgleich）を導入しなかったのはなぜか、という疑問が生ずる。[37] というのも、夫婦間で行われる年金期待権や年金請求権の分配は、付加利得共同制の考え方を基本としているからである。しかし、立法者が、生活パートナーのためにこの一歩を進めるのは行き過ぎだと感じていたことは、誰の目にも明らかであろう。

5　財産権に関するその他の効果

しかしながら、立法者は、財産権に関わる他の関係においては、なおも生活パートナー関係と婚姻とを同列に置いている。まず最初にLPartG八条二項は、民法一三五七条を準用している。これはいわゆる「鍵の権限（Schlüsselgewalt）」を定めた規定である。この規定は、「生活需要を適切に賄うため」の行為により自身の配偶者にも権利を与え義務を負わせる権限を、夫婦各自に付与している。したがって、その行為がなされた場合には、相手方たる第三者に対しては夫婦双方が債務者となる。この規定の背後には、生活需要を賄うための行為（たとえば食料品あるいは燃料の購入）から夫婦のどちらも――具体的な場合において契約の締結に関与しなかった配偶者も――利益を得ているという考量が存在する。現在では生活パートナー関係にもこれと同じ考量が妥当しているのである。パートナーの一方がこれに相当する行為をなした場合には、他方もそれにより権利を取得し義務を負うのである。その場合、契約をなす第三者が、生活パートナー関係にある当事者の一方と契約することを知っているかどうかは問題とされない。これもまた夫婦の場合と同様に、共同責任が生じるのは、もちろん、パートナーたちが実際的にも同居している場合だけである。パートナーたちが物理的に別居している場合には、「鍵の権限」は存在しない（LPartG八条二項、民法一三五七条三項）。

次に、生活パートナーの一方もしくは双方が占有する動産は、生活パートナーの一方の債権者のために、債務者たるパートナーが所有しているものと推定される（LPartG八条一項一文）。この規定は、夫婦に適用される民法一三六二条にならったものである。この規定は、強制執行手続において債務者が自分の生活パートナーの背後に隠れることを阻止しようとするものであり、次のように機能する。

債権者が一方の生活パートナーに対する執行名義を獲得し、共同の住居にある動産――たとえばステレオセットとか高価な絵画――を執行官に差し押さえさせた場合、他方の生活パートナーは競売の阻止を試みることができるであろう。その場合には、その者はいわゆる「第三者異議の訴え」（民事訴訟法七七一条）を提起して、差し押さえられた物が自分に帰属することを申述しなければならないことになる。この場面では、まず民法一〇〇六条一項一文により動産の占有者はその物の所有権者でもあると推定される結果として、動産の共同占有者はその物の共同所有者と推定される。ところが、共同の住居にある動産は、ほとんど常に双方のパートナーが共同占有している。それゆえ、債務者でないパートナーは、ほとんど常に推定された共有を援用して第三者異議の訴えを貫徹するであろう。そうなれば、債権者は、債務者が生活パートナー関係で暮らしているとの理由だけで、債務者の動産を捕捉するチャンスを実質上得られないことになってしまうであろう。しかし、このような局面においてLPartG八条一項一文が債権者を救済するのである。債務者でないパートナーに有利に機能する民法一〇〇六条一項一文の推定は［この規定によって］巧みにかわされ、逆の推定が働くことになるのである。この段階では、差し押さえられた物が自分に帰属することは、債務者でない生活パートナーが証明しなければならない。債務者でないパートナーがその証明に成功しなければ、債権者は、差押物を――たとえ、それが実際に債務者でないパートナーに帰属していることが真実であろうとも――競売に付して、競落代金の支払いを受けることができるのである。

三番目に、LPartG 八条二項の準用規定によって、夫婦に適用される民法一三六五条、一三六九条の処分権制限も生活パートナー関係の法に取り入れられている。清算共同制を財産制としている生活パートナーは、たしかに原則上――これまた付加利得共同制をとる夫婦と同様に――自分の財産権を保持し続けるのであり、パートナー関係の存続中、独立してそれを処分することができる（前述4を参照）。しかしながら、家財道具（民法一三六九条）および「財産全体」（民法一三六五条）［の処分］に関係する契約には制限が加えられている。これらの場合に有効な契約を締結するためには、常に他方のパートナーの同意を必要とするのである。この制限は、所有権者であるパートナーが共同生活の経済的・物質的な基盤を費消してしまうことを防止しようとするものである。

しかし、LPartG 八条二項における準用には、次の点において［条文］編集上の見落とし（Redaktionsversehen）があるように思われる。すなわちそれは、婚姻法における処分権制限は、夫婦が付加利得共同制という法定夫婦財産制によっている場合だけに適用されるのに対して、生活パートナー関係では、個別の関係でとられている財産制が何であるかに関わりなく、民法一三六五条、一三六九条が常に適用できるとされている点である。[38] このことにより、生活パートナーたちに――夫婦とは反対に――家庭共同体を営む義務が負わされていないにもかかわらず、生活パートナー関係の経済的基盤の保護が婚姻の場合よりもさらに拡大されることになろう。LPartG 八条二項における準用をそのままに受け止めると、別産制という財産制がとられていても、他方パートナーの同意を得なければならないことになるであろう。このことは、論理的に一貫しない矛盾であり[39]、婚姻法の準用の目的論的制限［解釈］が必要となる。

最後に四番目の問題として、生活パートナー関係の法においても、家財道具のいわゆる「物的代位（dingliche Surrogation）」に関する民法一三七〇条が遵守されなければならない（LPartG 八条二項）。一方のパートナーが特定の家財道具（たとえばテレビ、自動車など）をパートナー関係に持ち込み、後になって、その物が新しい製品と取り替えられた場合には、法律上、取り替えられた元の道具を所有していたパートナーが新たな調達品の所有権者となる。その際、どちらのパートナーが新しい道具を取得したのか、また、それが誰の資金で支払われたのかは問題とされない。

6　配慮権に関する生活パートナーの権限

生活パートナーの一方が子どもを連れてパートナー関係に入ることがあるかもしれないし、あるいは、——「女性の」パートナー関係では——その間に子どもを出産することさえあるかもしれない。これらの場合のために、LPartG 九条には配慮権に関する規定が置かれている。もちろん、法律はこの問題を非常に控えめに扱っている。他方のパートナーによる養子縁組は許されていないし、パートナー二人で一人の子と養子縁組することもまったく認められていない。また、双方のパートナーのための共同配慮権も規定されていない。

パートナー関係の中で成長する子どもの実親でないパートナーに認められるのは、配慮権を有する親と協力して、日常生活上の事項について共同で決定する権利だけである。これは通常「小さな配慮権（kleines Sorgerecht）」と呼ばれている。その要件となるのは、子どもの親が単独配慮権を有しており（LPartG 九条一項）、かつ生活パートナーたちが同居しているか、あるいは、別居していてもそれが一時的なものにすぎない（LPartG 九条四項）ことである。日常生活上の事項とは、子どもの発達に修正困難な重大な影響を及ぼさない、頻繁に生ずるような問題である（民法一六八七条一項三文参照)。たとえば、小遣いの額や夜の門限、テレビ視聴についての決定がこれに当たる。そのほかに、さし迫った危険がある場合——たとえば事故や突然の病気の場合——には、配慮権を有する親のパートナーは、いわゆる「緊急配慮権(Notsorgerecht)」を持つ。その者は、子どもの福祉のために必要とされるあらゆる法的行為を行うことが許されるが、配慮権を有するパートナーに遅滞なく通知しなければならない(LPartG 九条二項)。

配慮権を有しないパートナーと子どもとの間の関係は、パートナー関係を超えて持続することさえありうる。というのも、配慮権者である親のかつての生活パートナーは、子どもと相当長期間にわたって家庭共同生活を営んでいた場合には、民法一六八五条二項により、その子と交際する権利を有するからである。この交際権——たとえば電話連絡、文通、定期的な訪問、さらには休暇を一緒に過ごすことに対する権利——は、いうまでもなく、かつての生活パートナーと親の利益のためにではなく、子どもの利益のために存在する。子どもが自分の母あるいは父の以前の生活パートナーと親密な人的関係を築いていた場合に、パートナー関係の終了が子どもを害することになってはならないということである。

7 相続権

生活パートナーの相続権は、法定相続順位および遺留分権についてみれば、夫婦の相続権とほとんど一致している。死亡した生活パートナーが遺言を作成しなかったときは、生存している生活パートナーは、法律上、第一順位の血族(子)と共同する場合には相続財産の四分の一を、第二順位の親族(親、兄弟姉妹)あるいは祖父母と共同する場合には二分の一を相続する(LPartG 一〇条一項一文)。死亡した生活パートナーに子も親も兄弟姉妹も祖父母も残されていないときは、生存している生活パートナーは単独相続人となる(LPartG 一〇条二項)。さらに、生存している生活パートナーは、生活パートナー関係上の世帯に属する物ならびにパートナー関係設定の際に贈り物として受け取った物を、いわゆる「先取分

（Voraus）」として取得する（LPartG 一〇条一項二文ないし四文、夫婦に関する民法一九三二条も参照）。

この相続権による取得分は、夫婦の場合と同様に、相続権的な装いをまとった夫婦財産制上の取得分によってさらに補完される。付加利得共同制という法定夫婦財産制をとって生活してきた夫婦の一方が遺言することなく死亡した場合には、具体的な付加利得清算（前述4を参照）は原則として行われず、その代わりに次のような一括的な規律がなされる。つまり、死亡した配偶者が具体的な婚姻生活の中で付加利得を得ていたかどうかを斟酌することなく、生存配偶者の相続分は単純に相続財産の四分の一だけ増やされるのである（民法一三七一条一項参照）。この一括的規律は単純かつ実際的であり、また、時として何十年間にも及ぶ婚姻の終了時において、当初財産および婚姻中の財産増加についての膨大な事後的調査が行われなければならないという事態を回避するのである。立法者は、夫婦の一方が死亡した場合についての、こうした極めて実用的な付加利得共同制の清算処理を、生活パートナー関係のためにも取り入れている（民法一三七一条以下と結び付いた LPartG 六条二項三文）。つまり、パートナーたちが清算共同制をとって暮らしていた場合（前述4を参照）には、生存パートナーは相続分のほかに、追加的な「財産制上の」四分の一を取得するのである。パートナーたちが異なる財産制（たとえば別産制）を選択していたときは、LPartG 一〇条一項による相続権上の取得分があるだけである。

生活パートナーは、夫婦と同様に、いわゆる「共同遺言」を作成することができる（民法二二六六条と結び付いた LPartG 一〇条四項）。この種の遺言では、方式を簡易にすることができる（民法二二六七条参照）。そのほかに、たとえば双方的相続人指定のような二人の遺言作成者の処分の効力を、互いに相関させることもできる。すなわち、一方の処分が撤回されたときは、他方の処分もその効力を失うのである（民法二二七〇条、二二七一条）。

生活パートナーの一方が遺言によって他方を相続から除外した場合には、相続権を奪われた他方のパートナーには、自分の生活パートナーの相続人に対する遺留分権がある（民法二三〇三条以下と結び付いた LPartG 一〇条六項）。遺留分権とは、法定相続分の二分の一に相当する額の金銭の支払いを求める請求権である。いずれにせよ、このようにして一方の生活パートナーが他方の財産から最低限度の取得分を価値的に得ることが保障されているのである。

五　パートナーの別居およびパートナー関係の廃止

1　別居の要件および法的効果

生活パートナー関係は、パートナーたちに共同の世帯運営を義務づけないので（前述**四**1を参照）、その別居には婚姻法におけるのとは違った意味が与えられる。婚姻法におけるのとは異なり（婚姻法については民法一五六五条一項、二項［婚姻破綻の認定要件としての別居］参照）、物理的な別居がパートナー関係の解消に事実上先行することが実際には多いにしても、別居はパートナーたちの裁判上の離別の要件ではないのである。

家庭共同生活が客観的に（もはや）存在せず、かつ、少なくともパートナーの一方が――このことが決定的であるが――共同の生活運営を、それゆえLPartG二条の生活パートナー関係上の義務（扶助、援助、共同の生活形成）を拒絶するという理由で、その再開を拒絶している場合に、生活パートナーたちは別居していることになる。(40) こうした場合、LPartG一二条一項一文は、扶養を要するパートナーに適当な扶養を求める請求権を保障しており、その扶養は、パートナー関係中の生活、収入ならびに資産の状態を基準とする。別居中の夫婦の一方に自ら仕事に就くことが求められるのは例外的な場合だけである（民法一三六一条二項参照）が、生活パートナーの場合はそれと逆であり、それまで職業に従事していない生活パートナーには、今後自分自身の労働によって生活費を稼ぐことが期待される（LPartG一二条一項二文）。この規律は、生活パートナーたちの方がより強い自己責任を負い、また経済的自立性がより高いと考えられていることの表れである。(41) LPartG 一二条二項一文により、義務者への要求が不当である限りにおいて、扶養請求は否定されるか、減額されるか、あるいは時間的に制限されるのである。

生活パートナーたちが別居している場合、それぞれが他方に対して、自己の所有する家財道具の引渡しを求めることができる(LPartG 一三条一項一文)。両者の共有に属する家財道具は、——必要とあれば家庭裁判所によって(裁判所構成法(GVG)二三条b一項二文一五号、民事訴訟法六六一条五号参照)——公平の観点から分配される(LPartG 一三条二項)。それに加えて、別居している場合あるいは別居が予定されている場合には、著しい苛酷さを回避するために必要な限りにおいて、生活パートナーの一方は他方に対して、共同の住居あるいはその一部分を単独利用のために自分に委譲するよう求めることができる(LPartG 一四条一項一文)。これは、その住居が委譲を求められるパートナーの所有物である場合でさえも、特定の前提条件の下で可能である(LPartG 一四条一項二文参照)。生活パートナーの一方が他方に対して住居あるいはその一部分の委譲を義務づけられるときは、その者は、——これまた公平の基準にしたがって——その補償を請求することができる(LPartG 一四条二項)。パートナーらが合意することができないときは、やはり家庭裁判所が住居割当てに関する決定を行う(裁判所構成法二三条b一項二文一五号、民事訴訟法六六一条六号参照)。

2　パートナー関係の廃止の要件

生活パートナー関係の廃止と離婚はいくつかの際立った相違を示す法制度ではあるが、両者は対応関係を示している。廃止は生活パートナーの一方もしくは双方の申立てに基づいて、離婚と同様に裁判所の判決によって行われる(LPartG 一五条一項)。裁判所による廃止がなされるための要件は、まず、当事者双方ともパートナー関係の廃止を望んでいるのか、それとも一方だけがそれを望んでいるのかによって、さらに、廃止の申立てがどのような理由によるのかによって、異なってくる。

当事者双方とも、生活パートナー関係の継続を欲しない旨の意思表示をなしている場合には、彼らは一二か月間待たなければならない。その後で家庭裁判所が生活パートナー関係を廃止するのである(LPartG一五条二項一号)。その意思表示は本人自身によって行われ、かつ公的な認証を受けなければならない(LPartG一五条四項一文)。この待機期間は、自分たちの決心をいま一度見直し、もしかすると和解できるような可能性をパートナーたちに与えるものである。

当事者の一方だけが生活パートナー関係の継続を欲しない旨の意思表示をなしている場合であれば、待機期間は三六か月となる(LPartG一五条二項二号)。この場合には、特別な廃止原因を必要としない。つまり、パートナーの一方がもはやパートナー関係を維持していく意思がないという理由だけで、廃止が行われるのである。この場合の待機期間が長くなっているのは、他方の意思に反して廃止が行われることになるからである。[廃止を求める]意思表示は、執行官によりパートナーに送達される(民法一三二条一項)。パートナーたちには共同生活を営む義務がないから、この場合であれ、双方とも廃止の意思表示をなす場合であれ、当事者が別居しているかどうかによる区別はない。この点、婚姻法におけるのと異なる。

特別の意思表示や特別の待機期間を要することなく、パートナー関係の即時的廃止が可能となる場合がある。それは、相手方パートナーの一身に属する原因により、パートナー関係の継続が期待し得ないほど苛酷であると認められる場合である(LPartG一五条二項三号)。婚姻法において民法一五六五条二項が適用される場合と同様に、この要件には厳格な基準があてはめられるべきである(42)。どんな人間関係の中でも生じるような諍いや意見の食い違いでは十分とはいえない。それに対して、パートナーの一方が他方に対して犯罪を犯すとか、自己の扶養義務に違反するとか、あるいは、別の仕方で他方を傷つける場合や、アルコールや薬物の中毒なのに治療を受けないとか、売春をはたらいているような場合で

あれば、苛酷なケースであると認定できるであろう。(43)

3　廃止の法律効果

生活パートナー関係廃止の最も重要な法律効果は、関係終了後の扶養請求権である(LPartG 一六条一項)。離婚配偶者と同じく、かつての生活パートナーは、自分で生計を立てることができず、かつ、(たとえば高齢や病気のために)就業が期待され得ない場合には、その限度において、元のパートナーに扶養を求めることができるのである。しかし、生活パートナーの一方が適当な職を見つけられないというリスクは、その者自身が負担する。(44)この場合に扶養義務は存在しない。扶養義務は、夫婦の場合のように、すべての生活需要を包含し(民法一五七八条一項四文と結び付いた LPartG 一六条二項二文)、パートナー関係の間に存続していた生活事情に応じて算定されなければならない(LPartG 一六条一項)。

当事者が婚姻をなすか、あるいは新たな生活パートナー関係に入った場合には、扶養請求権は消滅する(LPartG 一六条二項一文)。さらに加えて、「著しく不当」である場合には、その請求権は否定されるか、もしくは減額され、あるいは時間的に制限されうる(民法一五七九条と結び付いた LPartG 一六条二項二文)。

複数の扶養債権者がいる場合の順位関係は、LPartG 一六条三項から明らかになる。それによれば、扶養義務者が自分に対する全ての扶養請求権を充足できない場合(民法一五八一条)には、以前の生活パートナーに対する扶養義務は、新たな生活パートナー、父母、祖父母および孫[に対する扶養義務]に優先するが、それ以外のすべての法定扶養権利者(たとえば子、旧・新の配偶者)は、以前の生活パートナーよりも先順位とされる。

生活パートナーたちが、その離別に際して、どちらが共同の住居に居住するか(LPartG 一七条、一八条)、また、どちらが住居設備品および共同の家具(LPartG 一七条、一九条)を保持するか、ということについて合意することができない場合には、これについても家庭裁判所が公平な裁量にしたがって決定する(LPartG 一七条)。その場合には、パートナー双方を当事者とする賃貸借関係を今後は一方のパートナーだけとの関係とすること(LPartG 一八条一項一号)、あるいはパートナーの一方だけが締結した賃貸借契約に他方パートナーが入ること(LPartG 一八条一項二号)を命じることができる――これは賃貸人に対する効力も持つ!――それどころか裁判所は、パートナーの一方が所有する住居を――苛酷なケースでは賃貸借関係を設定して――他方のパートナーに割り当てることもできる(LPartG 一八条二項)のである。

六　憲法上の審査

以上の概観は次のことを物語っている。すなわち、この法律は、若干の規定漏れはあるものの、同性のペアに対する法的差別を終わらせていること、そして、基本的な法的効果に関する種々の相違点にもかかわらず、登録生活パートナー関係を婚姻と同列に置いていること、である。この同列化に対しては憲法上の疑念が提起された。すなわち、この法律に反対する人々は、まず一方で、婚姻を国家の特別な保護の下に置く基本法六条一項を引き合いに出す。「婚姻でない」他の生活共同体に立法者が婚姻と同じ保護を与えることは禁止されるという、いわゆる「保護に距離を置く命令(Schutzabstandsgebot)」がこの条項から導き出されるというのである。[45] 他方では、生活パートナー関係が同性のペアだけに認められ、異性間の生活共同体には認められていないから、基本法三条一項の平等原則に違反しているとの批判もある。[46] しかしながら、二〇〇二年七月一七日の連邦憲法裁判所第一部判決[47]の多数意見は、これらの疑念に応じなかった。「保護に距離を置く命令」を憲法から理由づけることはできないし、また、異性のペアには婚姻を締結する可能性が開かれているのだから平等原則違反もない、と判断したのである。これにより、登録生活パートナー関係という法制度は、最終的にドイツ家族法に受け入れられることになったのである。

（＊）本章は、二〇〇二年四月一五日に中央大学法学部において、Lebenspartnerschaften im deutschen Recht: das Ende rechtlicher Diskriminierungと題して行われた講演の翻訳である。末尾「六　憲法上の審査」の部分は、二〇〇二年七月一七日の連邦憲法裁判所判決に基づいて書き改められている。なお、文中における［　］は訳者による挿入である。

（1）Gesetz v. 16. 2. 2001, BGBl. 2001 I, 266.［この法律の第一編（Artikel 1）に定められているのが、本章の扱う「登録生活パートナーに関する法律 Gesetz über die Eingetragene Lebenspartnerschaft（Lebenspartnerschaftsgesetz — LPartG）」である］

（2）BGHZ 92, 213（219）.

（3）BGBl. 1994 I, 1168.

（4）BT-Drucks. 12/7069, S. 4 参照。

（5）*Finger*, MDR 2001, 199（200 Fn.6）参照。

（6）*Hausmann*, Festschrift Henrich（2000）, 241（242 ff.）における概観、および *Schlüter / Heckes / Stommel*, DEuFamR 2000, 1 ff. 参照。

（7）*Wacke*, FamRZ 1990, 347 ff.; *Verschraegen*, Gleichgeschlechtliche „Ehen“（1994）, 107 ff.; *Röthel*, ZRP 1999, 511（514）; *Scherpe*, DEuFamR 2000, 32（33）参照。

（8）*Verschraegen*（前注（7））, 118; *Röthel*（前注（7））, 514 m. w. Nachw. 参照。

（9）*Verschraegen*（前注（7））, 127 ff.; *Röthel*（前注（7））, 514 m. w. Nachw. 参照。

（10）*Hausmann*（前注（6））, 243 参照。

（11）*Groot / Haase*, StAZ 1998,165（168 f.）; *Verschraegen*（前注（7））, 139 ff.; *dies.*, DEuFamR 2000, 64（66）; *Pintens*, FamRZ 2000, 69（75 f.）; *Boele-Woelki / Schrama*, in: Basedow / Hopt / Kötz / Dopffel, Die Rechtsstellung gleichgeschlechtlicher Partnerschaften（2000）, 51 ff. 参照。

（12） *Muscheler*, Das Recht der Eigentragenen Lebenspartnerschaft: Begründung-Rechtsfolgen-Aufhebung-Faktische Partnerschaft（2001）, Rn.12 参照。

（13） *Verschraegen*, DEuFamR 2000, 64（67）; *Ferrand*, in: Basedow / Hopt / Kötz / Dopffel（前注（11））, 113; *Röthel*（前注（7））, 514 ff. 参照。

（14） *Schlenker*, in: Basedow / Hopt / Kötz / Dopffel（前注（11））, 145 ff.; *Hausmann*（前注（6））, 246 ff. 参照。

（15） *Pintems*（前注（11））, 70 ff. 参照。

（16） *Jessel-Holst*, in: Basedow / Hopt / Kötz / Dopffel（前注（11））, 167 ff. 参照。

（17） 管轄は州法に基づくが、ベルリン州、ブレーメン州、ハンブルク州、メクレンブルク・フォアポンメルン州、ニーダーザクセン州、ノルトライン・ヴェストファーレン州、ザクセン・アンハルト州およびシュレースヴィヒ・ホルシュタイン州では施行法によって身分吏（Standesbeamte）が、バーデン・ヴュルテンベルク州では郡庁（Landratsamt）あるいは市町村（Gemeinde）が、バイエルン州では公証人が、ブランデンブルク州では連合市町村（Ämter）、連合市町村に属さない市町村（amtsfreie Gemeinde）および郡に属さない市（kreisfreie Stadt）が、ヘッセン州では市町村長（Gemeindevorstand）が、ラインラント・プファルツ州では郡あるいは市の行政機関（Kreis- bzw. Stadtverwaltung）が、ザールラント州では市町村が、ザクセン州では県長（Regierungspräsidium）が、そしてチューリンゲン州ではヴァイマルにある州の行政庁（Landesverwaltungsamt）が管轄する。これについては、Handkommentar-LPartG / *Kemper*（2001）, §1 Rn.4 参照。

（18） *Kemper*（前注（17））, §1 LPartG Rn.7 参照。

（19） *Kemper*（前注（17））, §1 LPartG Rn.7 参照。

（20） さしあたり、*Leipold*, ZEV 2001, 218（222 ff.）; *Eue*, FamRZ 2001, 1196 参照。

（21） Handkommentar zum BGB / *Kemper*, 2. Aufl.（2002）, §§1306–1308 BGB Rn.3（[養親が養子もしくはその卑属と違法に婚姻した場合には養親子関係が解消されるとする]民法一七六六条の類推による）; *Palandt / Brudermüller*, BGB（Hauptband）, 61. Aufl.（2002）, §1 LPartG Rn.6; *Leipold*（前注（20））, 223 f. 参照。また、*Schwab*, FamRZ 2001, 385（389）も参照。廃止の効果を伴う生活パートナー関係の解消については、LPartG 一五条参照。

（22） *Dethloff*, NJW 2001, 2599; *Mayer*, ZEV 2001, 169（170）参照。

（23）*Kemper*（前注（21））, §§1306–1308 BGB Rn.3 参照。

（24）生活パートナー関係を「生活パートナー関係簿（Lebenspartnerschaftsbuch）」といったようなものに登録することについては、これまでのところ規定がない。その原因は本文Ⅰで述べた法律案の分割にある。それによって身分登録簿への記載に関する（[連邦参議院の]同意を要する）規律は、いまだに施行されていない生活パートナー関係補足法に編成されたのである。

（25）*Schwab*（前注（21））, 388; *Kemper*（前注（17））, §1 LPartG Rn.33; *Muscheler*（前注（12））, Rn.66 参照。

（26）*Dethloff*（前注（22））, 2600; *Grziwotz*, DNotZ 2001, 280（292 f.）参照。

（27）これを肯定するのは、*Schwab*（前注（21））, 388 および *Kemper*（前注（17））, §1 LPartG Rn.33 である。

（28）詳しくは、*Kemper*（前注（17））, §2 LPartG Rn.4 ff. 参照。

（29）*Kaiser*, JZ 2001, 617（618 f.）; *Palandt / Brudermüller*（前注（21））, §2 LPartG Rn.2.

（30）*Kemper*（前注（17））, §2 LPartG Rn.10 参照。

（31）*Kemper*（前注（17））, §2 LPartG Rn.16 参照。

（32）BT-Drucks.14/3751, S. 41; *Büttner*, FamRZ 2001, 1105（1106）参照。

（33）*Palandt / Brudermüller*（前注（21））, §6 LPartG Rn.2; *Muscheler*（前注（12））, Rn.75 ff.; *Mayer*（前注（22））, 171.

（34）これを選択できるかどうかについては学説上争いがある。否定するのは、*Kemper*（前注（17））, Vor §§6–7 LPartG Rn.4 と *Grziwotz*（前注（26））, 287 である。肯定するのは、*Palandt / Brudermüller*（前注（21））, §7 LPartG Rd.1; *Muscheler*（前注（12））, Rn.74; *Schwab*（前注（21））, 388 および *Dethloff*（前注（22））, 2601 である。

（35）*Muscheler*（前注（12））, Rn.63 参照。

（36）*Muscheler*（前注（12））, Rn.79 参照。

（37）*Dethloff*（前注（22））, 2601; *Muscheler*（前注（12））, Rn.79 参照。

（38）*Palandt / Brudermüller*（前注（21））, §8 LPartG Rn.3; *Muscheler*（前注（12））, Rn.94; *Schwab*（前注（21））, 393 f. 参照。

（39）*Muscheler*（前注（12））, Rn.4; *Schwab*（前注（21））, 393 f. 参照。

（40）*Palandt / Brudermüller*（前注（21））, §12 LPartG Rn.3; *Kemper*（前注（17））, §12 LPartG Rn.6; *Büttner*（前注（32））, 1106.

（41）BT-Drucks. 14/3751, S. 41; *Büttner*（前注（32））, 1107; *Palandt / Brudermüller*（前注（21））, §12 LPartG Rn.7; *Kemper*（前注（17））,

§12 LPartG Rn.34参照。

（42）*Kemper*（前注（17））, §15 LPartG Rn.22参照。

（43）*Kemper*（前注（17））, §15 LPartG Rn.24参照。

（44）*Palandt / Brudermüller*（前注（21））, §16 LPartG Rn.7.

（45）*Krings*, ZRP 2000, 409（413 f.）; *Pauly*, NJW 1997, 1955（1956）参照。

（46）*Krings*（前注（45））, 414; *Sachs*, JR 2001, 45（49）参照。

（47）BVerfG, FamRZ 2002, 1169 ff., 172 f. 参照。

資料

「登録生活パートナー関係に関する法律（生活パートナー関係法——LPartG）」（試訳）

第一章　生活パートナー関係の設定

第一条　方式および要件

（1）性を同じくする二人の者は、本人ら自身が同時に出頭し、互いに終生にわたるパートナー関係を営む意思を表示することにより、生活パートナー関係（Lebenspartnerschaft）を設定する（女性の生活パートナーら（Lebenspartnerinnen）もしくは男性の生活パートナーら（Lebenspartner））。条件もしくは期限を付してこの意思表示をなすことはできない。意思表示は、管轄官庁で行われたときにその効力を生ずる。生活パートナーらが自身らの財産制（Vermögensstand）に関する表明（六条一項）をすでになしていることが、生活パートナー関係を設定するための追加的要件である。

（2）次に掲げる場合、生活パートナー関係はこれを有効に設定することができない。

1　当事者の一方が未成年者もしくは既婚者であるか、または他の者とすでに生活パートナー関係にあるとき

2　当事者が直系血族関係にあるとき

3　当事者が全血もしくは半血の兄弟姉妹であるとき
4　生活パートナー関係設定時において、生活パートナーらが二条の義務の設定を欲しないことについて合意している場合

第二章　生活パートナー関係の効果

第二条　生活パートナー関係上の生活共同体
生活パートナーらは、互いに、援助および扶助の義務ならびに共同の生活形成に対する義務を負う。生活パートナーらは、互いに対して責任を負う。

第三条　生活パートナー関係上の氏
(1)　生活パートナーらは、共通の氏(生活パートナー関係上の氏)を定めることができる。生活パートナーらは、意思表示により、生活パートナーの一方の出生氏を自身らの生活パートナー関係上の氏に定めることができる。生活パートナー関係上の氏を定める意思表示は、生活パートナー関係を設定する際に行われなければならない。この意思表示は、管轄官庁に対して行われたときに、その効力を生ずる。その意思表示が後になされる場合には、その公的認証が有効要件である。
(2)　自己の出生氏が生活パートナー関係上の氏とされない生活パートナーは、意思表示により、自己の出生氏、もしくは生活パートナー関係上の氏の指定に関する意思表示をなす時に称していた氏を、生活パートナー関係上の氏の前もしくは後に付加することができる。生活パートナー関係上の氏が複数の氏から成るときには、これをなしえない。一方の生活パートナーの氏が複数の氏から成るときは、その氏のうち一つだけを付加することができる。この意思表示は、管轄官庁に対して行われたときに、その効力を生ずる。この意思表示は撤回することができるが、その場合には、一項による意思表示を再度行うことは許されない。この撤回は、管轄官庁で行われたときに、その効力を生ずる。この意思表示および撤回は、公的に認証されなければならない。
(3)　生活パートナーは、生活パートナー関係の終了後も生活パートナー関係上の氏を保持する。生活パートナーは、自己の出生氏もしくは生活パートナー関係上の氏を定めるまで称していた氏に復すること、もしくは、自己の出生氏を生活パートナー関係上の氏の前もしくは後に付加することができる。二項は、これを準用する。

（4）　出生氏とは、一項ないし三項による意思表示の時点において、生活パートナーの出生証明書に記載されている氏をいう。

第四条　注意義務の程度

生活パートナーらは、生活パートナー関係から生ずる義務の履行にあたって、互いに、自己の事務において通常払われる注意に対してのみ責任を負わなければならない。

第五条　生活パートナー関係上の扶養義務

生活パートナーらは、互いに適当な扶養をなす義務を負う。民法一三六〇条aおよび一三六〇b条［婚姻費用分担およびその程度に関する規定――訳者注］は、これを準用する。

第六条　財産制に関する表明

（1）　生活パートナーらは、生活パートナー関係の設定前に、財産制に関する表明をしなければならない。その場合において、生活パートナーらは、清算共同制（Ausgleichsgemeinschaft）に合意したこと、もしくは、生活パートナー関係上の財産契約（七条）を締結したことの、いずれか一方を表明しなければならない。

（2）　清算共同制による場合には、生活パートナーらが生活パートナー関係の開始時に有していた財産もしくは生活パートナー関係の継続中に取得する財産は、共同の財産とならない。生活パートナーらは各自、自己の財産を自ら管理する。財産制が終了した場合には、生活パートナーらが財産制の継続期間中に取得した増加分（Überschuss）が清算される。民法一三七一条ないし一三九〇条［法定夫婦財産制の清算に関する規定――訳者注］は、これを準用する。

（3）　一項二文による合意もしくは生活パートナー関係上の財産契約が無効であるときは、別産制（Vermögenstrennung）が成立する。

第七条　生活パートナー関係上の財産契約

（1）　生活パートナーらは、自身らの財産権上の関係を契約により定めることができる（生活パートナー関係上の財産契約）。その契約は、公証人による記録のために生活パートナー双方が同時に出頭して締結されなければならない。民法一四〇九条および一四一一条［夫婦財産契約の内容およびその締結能力に関する規定――訳者注］は、これを準用する。

（2）生活パートナーらが、生活パートナー関係の設定前に、六条一項に定める方式により清算共同制の財産制に合意するときは、一項二文は適用されない。

第八条　財産権に関するその他の効果

（1）生活パートナーの一方の債権者のために、生活パートナーの一方もしくは双方が占有する動産は債務者に帰属するものと推定される。その余については、民法一三六二条一項二文および三文ならびに二項を準用する。［訳者注――民法一三六二条一項二文は、夫婦の別居中は推定が働かない旨の規定。三文は、無記名証券等を動産として扱う規定。二項は、もっぱら夫婦の一方のみの利用に供される物は、夫婦相互間および対債権者の関係において、その利用者に帰属すると推定する規定］

（2）民法一三五七条および一三六五条ないし一三七〇条は、これを準用する。［訳者注――民法一三五七条は、日常家事に関する法律行為の相互的代理権に関する規定。一三六五条ないし一三七〇条は、法定夫婦財産制における財産処分権の制限に関する規定］

第九条　配慮権に関する生活パートナーの権限

（1）単独で配慮権を有する親が生活パートナー関係を営むときは、その者の生活パートナーは、配慮権を有する親と協力して、子の日常生活上の事項について共同で決定する権限を有する。民法一六二九条二項一文［利益相反行為の代理権制限に関する規定――訳者注］は、これを準用する。

（2）さし迫った危険がある場合、生活パートナーは、子の福祉のために必要なすべての法的行為を行う権限を有する。ただし、配慮権を有する親に遅滞なく通知されなければならない。

（3）家庭裁判所は、子の福祉のために必要とされる場合には、一項による権限を制限もしくは排除することができる。

（4）生活パートナーらが一時的なものにとどまらない別居をなしている場合には、一項による権限はない。

第一〇条　相続権

（1）　被相続人の生存生活パートナーは、第一順位の血族と共同する場合には、相続財産の四分の一について、第二順位の血族もしくは祖父母と共同する場合は、相続財産の二分の一について法定相続人となる。土地の従物を除き、生活パートナー関係上の世帯に属する物および生活パートナー関係設定時の贈物は、先取分として生存生活パートナーに追加的に帰属するものとする。生存生活パートナーが第一順位の血族と共同して相続する場合には、適当な世帯運営のために必要とされる限りにおいてのみ、先取分が生存生活パートナーに帰属するものとする。先取分には、遺贈に関する規定を適用する。

（2）　第一順位の血族、第二順位の血族および祖父母のいずれも存しないときは、生存生活パートナーが全ての相続財産を取得する。

（3）　被相続人の死亡時において、

1　一五条二項一号もしくは二号に基づく生活パートナー関係の廃止の要件が満たされており、かつ、被相続人が生活パートナー関係廃止の申立てをなしていたか、もしくはそれに同意をしていた場合、または

2　被相続人が一五条二項三号に基づく申立てをなしており、かつ、その申立に理由があった場合には生存生活パートナーの相続権は排除される。これらの場合においては、一六条を準用する。

（4）　生活パートナーらは、共同遺言を作成することができる。民法二二六六条ないし二二七三条［夫婦間の共同遺言に関する規定——訳者注］は、これを準用する。

（5）　被相続人が相手方生活パートナーに遺贈をなす終意処分には、民法二〇七七条一項および三項を適用する。

［訳者注——二〇七七条一項は、配偶者に対する遺贈がなされていても、離婚（ないしその理由ある申立て）等の事由があれば、遺贈を無効とする規定。三項は、被相続人がそのような事情が生じても遺贈等の処分をなしていたと考えられる場合には、それを無効としない旨の規定］

（6）　被相続人が生存生活パートナーを死因処分によって相続から排除しているときは、その者は、法定相続分の価値の二分の一を遺留分として相続人に請求することができる。遺留分に関する民法の規定は、生活パートナーが配偶者と同じく扱われなければならないという規準をもって、これを準用する。

（7）　相続の放棄に関する民法の規定は、これを準用する。

第一一条　生活パートナー関係のその他の効果
（1）　生活パートナーの一方は、別段の定めなき限り他方の生活パートナーの家族構成員（Familienangehöriger）とみなす。
（2）　一方の生活パートナーの血族は、他方の生活パートナーと姻族関係にあるものとみなす。姻族関係の親系および親等は、それを媒介する血族の親系および親等によって定める。姻族関係は、その原因となった生活パートナー関係が解消されたときでも継続する。

第三章　生活パートナーの別居

第一二条　別居の場合の扶養
（1）　生活パートナーらが別居しているときは、生活パートナーの一方は、他方に対し、生活パートナー関係中の生活事情ならびに所得および資産状態に応じた適当な扶養を請求することができる。所得活動に従事しない生活パートナーに対しては、所得活動によって自身の生計費用を自ら獲得することを求めることができる。ただし、生活パートナー関係の継続期間を考慮したその者の個人的事情、および、生活パートナーたちの経済的事情からみて、所得活動を期待しえない場合は除く。
（2）　扶養請求権は、義務者への要求が不当である限りにおいて、否定されるか、減額されるか、もしくは時間的に制限されるものとする。民法一三六一条四項［夫婦間の別居扶養料の支払方法に関する規定――訳者注］および一六一〇条a［身体障害・疾病による追加的需要のための費用は、そのために支払われる社会給付の額を下回らないと推定する規定――訳者注］は、これを準用する。

第一三条　別居の場合の家具分配
（1）　生活パートナーらが別居しているときは、いずれの生活パートナーも、他方に対し、自己に帰属する家財道具の引渡しを求めることができる。しかし、いずれの生活パートナーも、他方の生活パートナーが別世帯を営むために必要とされ、かつ、事案の事情によりその委譲が公平に合致する限りにおいて、自己に帰属する家財道具を他方の生活パートナーの利用のために、これを委譲する義務を負う。
（2）　生活パートナーらに共同で帰属する家財道具は、公平の原則にしたがって分配される。裁判所は、家財道具の利用について相当の補償を定めることができる。
（3） 所有関係は、生活パートナーらが別段の約定をしない限り、これを変更しないものとする。

第一四条　別居の場合の住居割り当て
（1） 生活パートナーらが別居しているとき、もしくは、生活パートナーの一方が別居の意思を有するときは、生活パートナーの一方は、著しい苛酷さを避けるために必要である限りにおいて、共同の住居もしくはその一部を自己の単独利用に供するために、他方に対してその委譲を求めることができる。共同の住居の存する土地がパートナーの一方の単独所有もしくは第三者との共有関係にある場合、ならびに当該土地について地上権もしくは用益権が設定されている場合には、その事情につき特別の配慮がなされなければならない。住居所有権、継続的居住権および物権的居住権についても同様である。
（2） 生活パートナーの一方が共同の住居もしくはその一部を他方の単独利用のために委譲する義務を負うときは、その者は、他方に対し、それが公平にかなう限りにおいて、利用の補償を求めることができる。

第四章　生活パートナー関係の廃止

第一五条　廃　止
（1） 生活パートナー関係は、生活パートナーの一方もしくは双方の申立てに基づき、裁判所の判決によって廃止される。
（2） 以下に掲げる場合、裁判所は生活パートナー関係を廃止する。
1　生活パートナーの双方が生活パートナー関係の継続を欲しない旨の意思を表示し、かつ、その表示から一二か月が経過した場合
2　生活パートナーの一方が生活パートナー関係の継続を欲しない旨の意思を表示し、かつ、その意思表示が他方の生活パートナーに送達されて後三六か月が経過した場合
3　申立人にとって生活パートナー関係の継続が、他方の生活パートナーの一身に属する原因により、期待しえないほど苛酷であると認められる場合

(3)　生活パートナーらは、生活パートナー関係が廃止されていない限りは、二項一号もしくは二号の意思表示を撤回することができる。二項一号の場合において、生活パートナーの一方が自己のなした意思表示を撤回した場合には、他方のなした〔廃止に対する〕同意の意思表示より三六か月が経過した場合に、裁判所は生活パートナー関係を廃止する。

(4)　二項一号および二号ならびに三項による意思表示は、本人自身がこれを行わなければならず、かつ、公的な認証を得なければならない。条件もしくは期限を付してこの意思表示をなすことはできない。

第一六条　パートナー関係後の扶養

(1)　パートナー関係の廃止後において、生活パートナーの一方が自らその生計をたてることができないときは、その者は、とりわけその年齢もしくは他の障害を理由として自身の所得活動が期待できない限りにおいて、かつ、その期間に限り、他方の生活パートナーに対し、生活パートナー関係継続中の生活事情に応じた適当な扶養を求めることができる。

(2)　扶養請求権は、その権利者が婚姻をなした、もしくは、新たな生活パートナー関係を設定したときに消滅する。その余については、民法一五七八条一項二文前段および四文ならびに二項および三項、一五七八条aないし一五八一条および一五八三条ないし一五八六条および一五八六条bを準用する。

〔訳者注――準用条文は、いずれも夫婦間の離婚後の扶養請求権に関する規定〕

(3)　かつての生活パートナーの扶養料の算定にあたって、民法一五八一条の事情〔扶養義務者の資力不足――訳者注〕がある場合には、かつての生活パートナーは、新たな生活パートナーおよび民法一六〇九条二項にいうその他の血族に優先する。これ以外の法定の扶養権利者はすべて、かつての生活パートナーに優先する。

第一七条　家庭裁判所による決定

生活パートナーたちが、パートナー関係の廃止に際して、そのいずれが今後共同の住居に居住するべきか、もしくは、いずれが住居備品およびその他の家具を与えられるべきか、について合意できないときは、申立てに基づき、家庭裁判所が住居および家具に関する法律関係を公平な裁量によって定める。このとき裁判所は、個別事件のあらゆる事情を斟酌しなければならない。住居および家具に関する法律関係の定めは、権利形成の効果を有する。

第一八条　共同の住居に関する決定

（1）裁判所は、共同の住居について以下の事項を決定することができる。

1　生活パートナー双方によって締結された賃貸借関係が一方の生活パートナーのみによって継続されること、もしくは

2　生活パートナーの一方が、他方の生活パートナーのみによって締結された賃貸借関係に他方に代わって入ること

（2）共同の住居が生活パートナーの一方の所有もしくは共有に属する場合において、住居の喪失が他方の生活パートナーにとって不当に苛酷なものとなるときは、裁判所は、その者のために当該住居に関わる賃貸借関係を設定することができる。

（3）婚姻住居および家具の取扱いに関する命令（Verordnung über Behandlung der Ehewohnung und des Hausrats）三条ないし七条ならびに住居所有権法（Wohnungseigentumsgesetz）六〇条は、これを準用する。

第一九条　家具に関する決定

家具にかかわる法律関係の定めについては、婚姻住居および家具の取扱いに関する命令八条ないし一〇条を準用する。生活パートナーの一方の単独所有物もしくは生活パートナーの一方と第三者との共同所有物である物については、他方の生活パートナーがその継続利用に頼らざるをえず、かつ、その委譲が相手方に要求されうる場合にのみ、裁判所は、これを他方の生活パートナーに割り当てることができる。

第三章　新しい国際親子法の諸問題(*)

佐藤　文彦　訳

目次

一　はしがき

一九九八年の国際親子法の改正は、ディーター・ヘーンリッヒという名前と、二重の形で結びつけられている。所管するドイツ国際私法会議第一委員会の議長として、彼は、マンハイム（一九九四年一〇月）及びハッタースハイム（一九九五年一〇月）における会議の席で、改正の構想に関する激しい議論を、調整的に、そして超然と導き、そして大きな力をもって推進した。さらに、一九九八年七月一日に親子法改正法が施行された後は、彼は、多くの出版物において最初の一人として新たな抵触規定を批判的に検討し、そして今日行われている規律の問題点に注釈を加えている。(1)こうした事情のもとでは、以下の熟慮が被献呈者のためにあることは、たとえ、この小論の結論が、彼自身の解釈及び解決の提案と常に一致するわけではないとしても、かわりがない。

二　択一的な出自の連結（民法施行法一九条一項）

1　民法施行法（EGBGB）一九条一項一文により、子の出自は、その常居所の法に服する。さらに、それぞれ父母の一方との関係においては、その本国法によっても（二文）、そして――その母が婚姻している場合には――その出生の時点で民法施行法一四条一項により基準とされる婚姻の効力準拠法によっても、決定され得る（三文）。出自の連結を理解する上で重要なのは、これら三つの連結可能性が、互いにいかなる関係に立つのかという点である。それらが択一的に適用されるという場合には、これらにより掲げられている実質法は、まず、潜在的かつ併存的に適用可能なものとして援用される。出自に関する諸規定を適用する際に矛盾が生じるとき、実際に基準とされる法は、一つの——最終的に制定法から引き出される——判断ルールを通じて決定されるべきである。これに対し、一文の規定が優先的な連結を含むのであって、そして父母の本国法の援用及び婚姻の効力準拠法の指定は、補充的なものとしてその背後に後退するという場合には、子の居所地法の適用に固執することになるが、このことは、この法によりその都度の母子関係ないし父子関係が確定できるときであってもかわりがない。代用連結(二文及び三文)によることができるのは、子が、居所地法の実質規定により、母または父がないままであるとされる場合に限られる。

民法施行法一九条一項の、後に掲げられた解釈には、二文及び三文の文言が賛成するように思われるが、それによれば、出自はそこに掲げられた法に「服する」のではなく、単にそれにより「決定され得る」。確かに、単なる補充的な適用とすることは、より法的確実性及び実践可能性を期待させる。(2)それにもかかわらず、この解釈には、支配的見解(3)とともに、したがうことができない。民法施行法一九条新規定は、明らかに、民法施行法二〇条一項一文及び三文旧規定をなぞって作られている。(4)この規定が択一連結を含んでいたのであり、それが子にできるだけ有利な出自の問題の解決を保障すべきことは、一般的に承認されていた。(5)この点で変更を望むならば、立法者は、規範の文言において、それと分かるように明確にしておかなければならなかった。(6)そのようなことは、行われていない。これとは対照的に、立法理由もまた、民法施行法一九条一項において、指定の択一性を前提としている。(7)

2　もちろんこのために生じる問題があり、それは、択一的な連結点が具体的事案においていくつかの法秩序を指定する場合に、どのように最終的に基準となる出自の準拠法を決定すべきか、というものである。実務上、これは、とりわけ父子関係の確認に際して意義がある。(8)そのような場合に、すべての関与する法秩序により、同一の男性が子の父とみられるべきとき、法を適用する者がその判断をどの法をもって支えることを欲するかは、彼の自由である。援用される法の範囲に、ドイツ法も属するときは、利便性という理由に基づくだけで、ドイツ実質規範を関係づけることであろう(9)。ただし、実質法の一つが、ある特定との男性の父子関係をもたらすが、これに対し、他の法秩序が、父がいないことをもたらすとき、または援用される実質法が、まったく異なる男性を父と証明するときに明らかとなる規範の矛盾は、特別な判断基準を通じて解決されなければならない。この種の規範の矛盾が生じ得るのは、たとえば、関与する法秩序が、離婚後または夫の死後に出生した子の出自を、異なる形で規律する場合であり、いくつかの法の一つが、婚姻中に出生した子の父として、母の夫を推定するが、その一方で、その他の法が、この推定を、第三者の認知により揺らいだとみる場合であり、または、何人かの男性による父子関係の認知があり、その有効性が民法施行法一九条一項により援用される法によって、異なって判断される場合である。

そのような規範の矛盾が除去されなければならないということそれ自体は、問題とならない。これに対し、どのようにこのことが行われなければならないかという点は、ことのほか争いがある。文献においては、これにつき、主に、以下のような立場が主張されている。

（一）　民法施行法一九条一項により援用され、そして出自の問題において異なる結論をもたらす法秩序の間での判断は、子の利益によるのであり、そしてそれが極めて容易にみつけられるのは、子が――できれば費用的に有利に――その真実の父と親子関係の設定がなされる場合である、と。この立場に、ヘーンリッヒは傾いており(10)、そして次のような例で、そのことをはっきりさせている。すなわち、ドイツにおいて生活するトルコ人夫婦の離婚後三か月で、この女性は子を出産した。その新たな生活のパートナーが、後に、父子関係を認知している。民法施行法一九条一項二文(11)により援用されるトルコ法は、かつての夫を父とみるし、そしてドイツ居所地法（民法施行法一九条一項一文）は、かつての夫を、今ではもはや父とは推定せず、そしてそれゆえに子の実の父による認知を許容する(民法(BGB)一五九二条一号、一五九四条二項)が、両者の間の抵触において、出自の問題はドイツ法に服すべきである。なぜなら、これが関与者の意思に合致した親子関係の設定を、事前に父性の否認をすることなしに許容するからである、と。

(二) これと異なる見解は、有利性の原則を、優先の原則を通じて具体化することを欲する。すなわち、基準となる法秩序は、それによれば、出自がまずは有効に確認され得るものである。[12] このため、前述の事例においては、かつての母の夫がその存在を主張するのは、彼に父子関係が既に出生とともに帰せられており、後の認知に基づいて初めてそうなるわけではない場合であり、そしてそのことが理由となる。たとえば、問題となる法秩序により異なる男性が出生とともに既に父と認められることを理由に、優先の原則が機能しない限りにおいて、子に(ないしは法定代理人としてのその母に)基準となる出自の準拠法を選択する可能性が認められる。

(三) 第三の見解は、区別を行う。すなわち、二つの法秩序のうち、その一つは、子を一人の父と親子関係を設定し、その一方で、その他は、父がないことをもたらすというときの抵触において、有利性の原則が賛成するのは、子に一人の――ときには、生物学的に蓋然性がないかもしれないこともある――父を得させる法である。これに対し、二つの父子関係が競合する場合には、「蓋然的な」父との父子関係が、蓋然的でないそれよりも有利であり、「蓋然的な父子関係」をもたらす法秩序の適用に至る、という結論を伴うものである。[13]

(四) 最後に、第四の見解によれば、規範の矛盾は、実質法の平面で解決されるべきである。[14] 前に略述された例においては、これによると、ドイツ居所地法及びトルコの夫の法を択一的に関連づけるに際して考慮されるべきは、民法一五九四条二項が、その意味及び目的により、択一的に適用される外国法秩序の一つにより父子関係が存在する場合にも適用される、ということである。このため、ドイツ法による認知は、遮断される。この遮断は、せいぜいのところ、すべての関与者が協力するときに、民法一五九九条二項の類推で乗り越えることができる、と。[15]

3　個々の解決のアプローチを評価するとき、まず第四の提案は排斥されるべきである。これは、確かに、所与の組み合わせにおいてはもっともらしい結論をもたらすが、しかし一般化することはできないし、そしてたとえば、子につきドイツ居所地法により(民法施行法一九条一項一文)母の夫と親子関係が設定されるが、その一方で、民法施行法一九条一項二文により援用される実の父の本国法が、民法一五九四条二項に対応する規定を知らず、そして認知を、父性の推定がはたらくことに反しても認める場合、機能しない。[16]二重の父子関係を回避するために、したがって、抵触法上の判断基準が必須である。

もし——民法施行法一九条一項の択一連結により企図されているように——相互に援用される準拠法の間での選択を、子の福祉で方向づけるとき、[17]まず最初に——提案(三)と一致して、そして提案(一)に反して——疑義がないのは、子にとって出生の時点で出自の確認を可能とする法の選択は、父のないことをもたらすその他の法秩序の選択よりも、有利であるということである。[18]このことは、この方法で調査された男性との父子関係が、蓋然性が高くない場合にもあてはまる。すなわち、(積極的な扶養法及び相続法上の効果を伴う)蓋然的でない父子関係は、ともかく、相続権のない、そして「扶養のない身分上の真実性」よりも、有利である。[19]この他に、ヘプティングが正当にも問題とするのは、言及された事例において、離婚した妻の新しい生活上のパートナーが、認知を行う前に考えを変えた場合、何が本来的に行われるべきか、そしてその場合に突然夫のトルコ本国法が基礎に置かれるべきかという点である。[20]

「父子関係の蓋然性」という基準が、しかし、基準となる出自の準拠法を決定するために不適切であるのは、出生の時点で既に、二つの法が異なる父子関係を設定し、互いに競合する場合もそうである。このことが、解決提案(一)及び

(三)に対して向けられるのは、いずれにせよ、具体的な事案における蓋然性が問題とされるべき事案についてである。たとえば、ドイツ居所地法が、子を母の夫に帰するものとするが(民法一五九二条一号)、その一方で、第三者の(たとえばイタリア)本国法が、出生前の認知の表示後、そして子の母のしかるべき協力に際して、認知する者の父子関係を根拠あるものとみるとき[21]、父子関係の「蓋然性」は母の意思表示次第となるのであって、まさにその母は、夫と愛人との間で悩み、まったくの個人的な理由からふるまうことであろう。そのような事案において、本当に子の母の応答が、出自の準拠法の決定について判断すべきであろうか。客観的な事情が、明らかに母の意思表示と矛盾する場合に、どのように処理されるべきであろうか。身分管掌官が出生簿へ記載を行う際に、父子関係の蓋然性につき、後の扶養訴訟における裁判官とは異なる判断に至っている場合に、どのようなことが行われるべきであろうか。これらの問題が示すのは、父子関係の蓋然性は、具体的事案においては、民法施行法一九条一項の枠内で最終的に基準とされる出自の準拠法の確定に、何らかの影響を有してはならない、ということである。むしろ、法的安定性という配慮が、民法施行法一九条一項により潜在的に基準となる法秩序の間の選択を——個別的な事情からは独立して——客観的な基準により、そして一般的な規律を通じて行われることを求めるのである[22]。

準拠法を決定するに際して、子の福祉及びそれとともに実質法上の諸々の基準が考慮されるべきであるから、民法の立法者により、民法一五九二条、一五九三条、及び一九九四条二項の中に起草されている(そして、「典型的な」父子関係の蓋然性を表現している)出自の可能性という法律効果を、抵触法において引き受け、そして父子関係が競合する場合において、民法施行法一九条一項の択一連結の間で選択を行うために実りあるものとすることが考えられる[23]。このとき決定的なのは、できるだけ速やかな父子関係の取得——ちょうど解決提案(二)のように——ではなく、むしろ、父子関係の根拠づけの質である。出生の時点で母と婚姻していた男性との父子関係を推定する法が、この場合に(内容的には、民法一五九二条一号、一五九四条二項）その存在を主張するのは、出生前に行われている、第三者の父子関係の認知に依拠する父子関係を保護する法に対してである。これに準じることが（内容的には、民法一五九三条一文）、子が法律上当然に既に死亡している母の夫に関係づける法秩序のために、あてはまる。出生前の父子関係の認知と、離婚した夫のための父子関係の推定との間の抵触において（内容的には、民法一五九三条一文とは対照的に）後退する法は、かつての母の夫の父子関係を前提とするそれである。ヘーンリッヒにより作られた例においては、このため、かかる理由に基づいて、ドイツ居所地法に、事実上、抵触法上優先が認められることになろう。もちろん、有効な認知は、実質法の平面で、認知障碍たる民法一五九四条二項で挫折するので、ドイツ居所地法は父子関係をもたらさず、そしてこの種の諸事案においては、このため、最終的にはかつての夫の（ここではトルコ）本国法によらなければならない。

複数の、出生の前後に行われ、そして異なる法秩序により有効な父子関係の認知が相互に競合する場合に初めて、出自の確認の時間的な優位が、意味をもつ（内容的には、民法一五九四条二項）[24]。出自の準拠法の決定にとって決定的なのは、ここでは、認知のすべての有効要件（認知の意思表示、同意、場合によっては、関与者または官庁への、必要とされる意思表示の伝達）が、それぞれ基準とされる法により、最初に完全に存在する時点である。法定代理人による法選択は、このとき、解決提案（二）に反して、必要ではない。もっとも、問題がないわけではなく、代理人がそのような選択を遅れて行い、またはまったく懈怠する場合に、本来どのように手続がとられるべきであろうか[25]。

三　出自の準拠法の可変性（民法施行法一九条一項一文及び二文）

1　一方で、民法施行法一九条一項三文は、出自の問題につき出生の時点で基準とされる婚姻の効力準拠法を援用するが、一文及び二文によれば――その都度の――居所地法ないし本国法が適用されるべきである。つまり、出自の連結は、新しい法によれば、一部は可変的に形作られている。(26) この点に、編纂上の見落としがあるわけではなく、(27) 立法者により意欲されて、かつての法状態から離れている。(28) 可変的な連結は、（一文においては）出自及び扶養の連結（一九七三年一〇月二日のハーグ扶養条約四条一項ないし民法施行法一八条一項）を対等なものとし、(29) そしてこれが妨げるのは、（扶養法または相続法上の帰結を伴う）身分の問題が、撤回されない形で、関与者の一時的なものにすぎない可能性のある居所、または後に放棄された国籍に左右されることである。可変性は、つまり、もともと援用される法が出自を確定することを許さなかった場合であっても、その出自を後に――居所または国籍の変更後に――確定せしめる機会をもたらす。

他面で、子の居所の変更により（一文）、または父母の一方の国籍の変更により（二文）、それまでに与えられていた出自の諸要件が、新しく援用された法の視野からは、もはや満たされていないという危険があるように思われる。これによりおそらく――つまり、その他の連結の選択肢が機能しない場合には――発生する父母の一方の「喪失」は、明らかに子の利益と相容れないだけでなく、まさに身分の問題において必要とされる、法的安定性の角度からも受忍しがたいであろう。そのため、そのような結論が回避されなければならないことは、文献においては、またしても争いがない。(30)

2　これに対し、はっきりしないのは、いかなる方法で可変的な出自の連結の効果が、もっとも体系整合的に管理され得るかという点である。

（一）　ある見解は、民法施行法一九条それ自体の解釈に際して、試みることを欲する。既得権の保護が可変性の制限を命じるのは、準拠法変更が身分の喪失をもたらす事案についてである。この見解は、内容的にはヘーンリッヒにより主張されている。(31)

(二)　これと異なる見解は、明らかに、一般的な、すなわち民法施行法一九条一項を越えたところにある、有効な抵触法上の諸原則による。法律による推定または認知の存在する出自の関係が準拠法変更を越えて継続することは、「時際法上の原則たる既得権保持」から導かれる、と。[32]

(三)　第三の見解は、準拠法変更の前に根拠づけられた出自が、法律上の分類に依拠するのか、それとも認知に依拠するかによって区別することを意欲する。後者の場合において審理されなければならないのは、新たに援用される法が、以前行われていた認知を、包摂の諸原則により、同等のものとして承認するか否かであり、前者の場合には、場合によっては、はじめから変更可能性を制限するという打開策だけが残されている、と。[33]

3　まず押さえておかなければならないのは、内国の父子関係の判決も、民事訴訟法三二八条ないし非訟事件手続法一六a条により承認されるべき外国の裁判も、準拠法変更を越えて継続するということである。[34] 法律で確認されていない出自の関係だけが、このため、可変的な連結を通じて危険に陥り得る。この危険を、手短に、民法施行法一九条一項一文、二文における可変性の部分的な排除を通じて、そしてそのために、自覚的に行われた立法者の連結判断を、修正することによって補正するという提案(第一の見解)は、制定法の中に支えとなるものがほとんどない。解決提案(三)も、後を引く疑義にぶつかることになる。すなわち、第一に、行われた区別が納得のいくものではない——なぜに可変性を制限する抵触規範の解釈が、法律による親子関係の設定にのみ関連し、そして認知による出自の確定にはないとされるべきであり、そのために実質規範の修正的適用がそもそももはや必要ないというのであろうか。第二に、旧準拠法の支配のもとで行われている認知を、代用しながら受け継ぐ前に、最初にひとまず明らかにされなければならないのが、規範適用の開始前に行われた法的行為が、そもそも包摂の諸原則により考慮されてよいかどうかという点である。これに対し、正しい道を示すのが、(二)提案である。すなわち、可変的な連結の効果に関する諸問題は、ここでは常に、準拠法変更に関する総論の助けを借りて解決されるべきである。

これによれば、次のような区別がなされるべきである。すなわち、ドイツへと受け入れる準拠法変更の事案(たとえば、子がその常居所を外国から連邦共和国に移している場合)においては、ドイツ抵触法において基準とされる諸原則が、変更前に既に法律効果を発生させている法律要件事実を、どのように扱うべきかという点について判断する。ドイツ法の視野からは、この種の法律効果は――たとえば権利または身分の取得のように――準拠法変更によっては、触れられないままである。[35] つまり、子の出自が、既に以前に、法律による親子関係の設定により、または認知に基づいて確定されているとき、この法律状況に変更はないのであって、常居所の移転後、現在は民法施行法一九条一項第一文により、実際には異なるドイツ法が適用されることになる場合もそうである。

ドイツから出て行く、またはニュートラルな準拠法変更の事案(たとえば、子がその常居所を連邦共和国から外国に移し、外国人たる父がその他の外国国籍を取得する場合)において問題となるのは、新たに援用される法秩序が、旧準拠法により発生した権利または身分を、どのように処理するかという点である。[36] 新準拠法が、以前に既に成立した出自の関係を認めるべきではないとする場合、この点に、ドイツ法の視野からは、基本法六条一項の観点で、公序侵害(民法施行法六条)が認められ得る。

四　先決問題としての出自及び準正

1　外国の氏名法、扶養法、親権法、または相続法の適用に際して、関与者がこれとは異なる出自であることに法律効果が左右される限り、先決問題の連結という問題が生じる。すなわち、この場合に基準とされる出自の準拠法は、ドイツ抵触規範の助けを借りて「独立して」決定されるべきか、それとも最初に提起された本問題を答えることについても管轄する法秩序の抵触規範の介在を通じて「従属して」決定されるべきか、と。一方で、氏名法上の関連においては(37)——例外的に——従属連結が広がっているが、扶養法(38)、相続法(39)、そして親権法(40)においては、独立した先決問題の連結が適切であるように思われる。もっとも、親子法改正法の施行後では、その実質法においてさらに嫡出の出自と非嫡出の出自とを区別するような法秩序が存在することを顧慮すると、この出自法の先決問題の独立連結は、問題となる。ドイツ抵触法は、それに関係する法律問題について、固有の抵触規範をもはや用意していないので、——そうであるのが支配的見解である(41)——現在従属した先決問題の連結を行うより仕方がない、と。

2　この根拠は、しかし、説得力のあるものではなかろう(42)。つまり、国内実質法が、特定の法律制度または法律問題を知らない場合であっても、一つには、抵触法はそれにもかかわず、この問題についての準拠法を調査するために連結の規律を展開するという任務に直面するのであって、このことは、既存の抵触規範が拡張的に解釈されるのであれ、類推の方法で、または緊急の場合には法の継続的形成を通じて新たな国際私法上の規範が展開されるのであれ、かわりがない(43)。この方法論的な措置は、法律問題が本問題として現れるか、それとも先決問題としてかという点に、左右されるものではない。その他に、ドイツ国際私法に、嫡出または非嫡出の出自を連結するための抵触規範が欠けているということは、不適切でもある。民法施行法一九条一項新規定は、つまり、連結対象たる「子の出自」をもって、あらゆる種類の出自を把握するのであって、子の出生が婚姻内に生じたか婚姻外であったかという点を顧慮するものではない。この規定の連結対象は、つまり、一九九八年七月一日まで、民法施行法一九条一項旧規定及び二〇条一項一文旧規定によって書きかえられていた法律問題をカバーしているのである。

したがって、たとえば、相続の準拠法が今後嫡出子の相続と非嫡出子のそれとを区別しているとき、最初に確定されるべきは、どのように「嫡出性」が定義されているかという点である、これで、(通常のように)子が、出生の時点で互いに婚姻していた父母の出自であることが考えられているとき、この定義を前提として、出自の準拠法は、民法施行法一九条一項の基準により、そして婚姻締結の有効性について基準となる法は、民法施行法一三条一項の助けを借りて、決定されるべきである。[44] 提起される先決問題は、つまり、依然として独立して連結されるのである。

これとは逆に、相続準拠法が相続人の子に相続持分を割り当て、婚姻内に生まれた子と婚姻外の子との間で区別を行わず、その一方で、民法施行法一九条一項を通じて調査された出自の準拠法が、その側で、なお嫡出の出自と婚姻外の出自とを区別しているとき、嫡出の出自の諸要件が満たされていることでも、婚姻外の出自の諸要件が満たされていることでも、相続法上の子の持分にとっては、十分である。

3　これと同様に処理されるべきは、たとえば相続準拠法が婚姻外で生まれた子を、後に生じた事象に基づいて嫡出に生まれた子と同置し、相続法上の効果を、たとえば準正にかからしめる場合である。この場合においても、最初に調査されるべきは、相続準拠法が「準正」で何を理解しているかという点である。これで、たとえば、以前に出生した子で、父母双方の出自である子の父母が、互いに婚姻を締結しているということが考えられているとき、ここで提起される問題——有効に婚姻が締結されているか、父及び母の出自であるか——は、再びドイツ法の関連する抵触規範(民法施行法一三条一項、一九条一項)の基準により、連結されるべきである。[45] 相続の準拠法が、婚姻締結とは異なる諸事象にも、準正の効果を添えている場合、その存在について判断するのは、民法施行法一九条一項一文及び二文(「出自」の概念を、しかるべく拡張解釈する場合）により、またはこれらの規定の準用において援用された法秩序である。

五　時際国際私法

1　新しい民法施行法一〇条三項、一九条ないし二一条に関する経過規定を、親子法改正法は含んでいない。民法施行法二二四条一項目ないし三項目も、新旧抵触規範の時際的な適用範囲を互いに画定するものではない。なぜなら、この規定は、文言及び立法理由(46)により、せいぜい民法の諸規定と関連するにすぎないからである。(47)それにもかかわらず、支配的見解(48)は、とりわけ民法施行法二二四条一項目一項及び二項において実質規範につき行われている規律を、国際私法の平面に移植し、そしてたとえば、一九九八年七月一日より前に子が出生した場合には、出自の問題をそれまで効力をもっていた抵触規範に服せしめ、これに対し、否認の問題を、法律の施行とともに、そして出生の時点を顧慮することなく、新しい抵触規範に服せしめることを欲する。

このアプローチは、説得力のあるものではない。議論の余地があると思われるのは、まず、いずれにせよ民法施行法二二四条の類推適用である。(49)しかし、明らかな法律の欠缺が、法律上の規定のしかるべき適用を通じて埋められなければならない場合、規範の目的及び利益状況に照らし、もっとも適合的な規定が、そのような類推の出発点として選ばれるべきであろう。それは、ここでの関連では、民法施行法二二〇条である。なぜなら、この規定は、その文言上、一九八六年の国際私法の改正に限定されるものであるが、直ちに模範規範として、後の国際私法上の法律の変更の際にも関係づけられ得るからである。立法者自身は、一九九〇年における新たなドイツの州の加盟に際し、その際に生じる時際抵触法上の抵触を、民法施行法二三六条において、民法施行法二二〇条の規律を参照している。(50)一九九九年六月一日の、契約外債務関係及び物権のための国際私法に関する法律の施行後に提起される経過法上の諸問題も――この法律が同じく特別な時際規定を含まないので――民法施行法二二〇条一項の準用により、解決されるべきである(51)。これによれば、どうしても涌き出てくるのは、親子法改正法の抵触法を、経過法上、同じ形で処理することである。

2　もちろん民法施行法二二〇条一項、二項の準用が、民法施行法二二四条を類推(52)するのと同様の結論に至るか否かという点は、問題があるように思われるし、そしてまずは、民法施行法二二〇条一項における「完成した事象」という法律要件メルクマールが、どのように理解されなければならないかという点に左右される。周知のように、ある事象の完成していることが抵触法上(連結対象の実現)で決定されるべきか、それとも実質法上(実質法上の法律効果の発生)で決定されるべきかという点に関する争いが盛んである(53)。抵触法上の解釈に際して問題とされるべきは、基準となる実質法が決定日に、既に不変更で固定されているか否かである。連結の可変性または不変更性については、新しい国際私法の視野から判断されるべきである(54)。

ただし、この見解が、その手がかりからして、時際法の基本原則に反している――連結の不変更性及びそれに伴い準拠法を固定することについては、引き継がれた法の基準によってのみ判定され得る。なぜなら、経過法における信頼の保護は、個々のものが既に決定日よりも前に、既に固定された法状態を前提としてよいところで、現れるからである(55)――ことを度外視すれば、民法施行法二二〇条一項が、これにより、ここでの関連で出自の準拠法の決定を顧慮して、どのように適用されるべきかを知りたいところであろう。民法施行法一九条一項一文及び二文は、今後可変的な連結を含むので(前述三を参照)、新しい国際私法の基準によれば、一九九八年七月一日にそれが施行された際に、出自の準拠法は、婚姻外で生まれた子につき、まさにいまだ変更されずに固定されてはいなかった。それゆえ、つまりは新しい抵触法が関係づけられなければならなかったであろうし、それは、たとえば、民法施行法二二〇条一項一文旧規定によれば母の法によってのみ、しかし父の法または子の居住地法によってではなく（民法施行法二〇条一項三文旧規定）確定している父からの出自が、民法施行法一九条一項一文及び二文新規定により援用される法の適用に際して、事後的に脱落し得るという効果を伴うものである――憲法上、おそらくは受け入れることのできない結論である。この他に、一九八六年の国際私法改正に際しての、民法施行法二二〇条一項の抵触法的解釈は、子がただ決定日よりも前に生まれていたという限りにおいて、出自、父子関係の認知、そして嫡出否認が、一九八六年九月一日まで効力をもっていた、古い抵触規範に服するという結論をもたらすであろう。(56) しかし、そのとき――そして、これはなお民法施行法二二四条一項目一項及び二項の類推適用（前述1を参照）に向けるものである――非常に馬鹿げたことと思われるのは、国際親子法の現在の改正に際して、嫡出否認及び父子関係の取消が、決定日よりも前に子が出生しているにもかかわらず、新たな連結の規律に服させられていることであり（民法施行法二二四条一項目二項参照）(57)、つまり、同一の時際的な利益の抵触が、目に付くような立法者の指摘なくして、一二年後に完全に矛盾した形で解決されるべきことである。

3　これにより明らかとなるのは、新しい親子法上の抵触規範の施行を顧慮しても、もっぱら支配的な文献上の見解(58)により賛成されている、民法施行法二二〇条の実質法的解釈が、実質的に正当な結論に至ることである。これによれば、第一項の意味における「完成した事象」が存在するのは、古い、一九九八年六月三〇日まで効力をもっていた抵触法により援用される実質法の支配のもとで、既に決定日よりも前に、実質法上の法律効果が生じていた場合である。この場合、旧抵触規範、及びこれに対応してこれにより援用される実質規範が、引き続き適用されたままである。

その結果として、区別がなされるべきである。(59) すなわち、一九九八年六月三〇日よりも後に出生した子の出自は、その氏名の取得と同様に、民法施行法一〇条三項、一九条、二〇条新規定により援用される実質法に服する（内容的には、民法施行法二二〇条とは反対に）。子が決定日よりも前に出生していたとき、問題となるのは、出生が、その当時一九条、二〇条旧規定により掲げられた法秩序により、既に出自法上の効果を生じさせていたか否か、ないしはそのような法律効果が一九九八年七月一日よりも前に行われた認知、もしくは嫡出否認または父性の取消と、既に結びつけられていたか否かという点である。この点が肯定される場合には、それはそのままである（民法施行法二二〇条一項類推）。これに対し、出生に際して、決定日よりも前に、認知または出自の取消が、一九九八年七月一日までに行われていないとき、その諸要件及び法律効果には、民法施行法一九条、二〇条新規定により援用される実質規範が適用される。親子関係の継続的効力は、民法施行法二二〇条二項類推で、決定日から、民法施行法二一条新規定により掲げられる法による。

六　国際私法における共同親権の行使及び婚姻していない父母の面接交渉権

1　親子法の改正により、互いに婚姻していない（民法一六二六a条一項一号）、またはもはや婚姻していない（民法一六七一条一項）父母は、親権を共同で行使することができる。この法律が強調するのは、さらに、子の福祉に、通例父母双方と面接交渉することが属し（民法一六二六条三項）、そして父母にはそれぞれ、これに対応して、そのような面接交渉の権限と義務とがある（民法一六八四条一項）。このため、考慮される事実とは、婚姻していない父母も、彼らが共同して生活していようといまいと、しばしば共同してその子について責任を負い、ないしは離婚後も父母双方がこの責任を自覚し得るということである。この責任の共同性は、法的には、もっぱら父母と子との間に存在する法律関係の構成部分として把握されるわけではなく、特別な――子と関係づけられる――父母間の法律関係として現れ、これは法律により、特別な不作為、情報開示、そして共同の義務（民法一六八四条一項、二項、三項二文、一六八六条一文）に、発展し分化したものである。この他に、信義誠実から、いくつかの特殊な父母の協調、出自、及び協力の義務が重なり合って明らかとなり、これらが双面的な面接交渉権の行使をはじめて可能とし、そして保護するのである。

2　そのような父母間の法律関係が、渉外事件において、どのように連結されるべきかという点は、法律によって規律されてはいない。民法施行法二一条は、関連のあるものではない。なぜなら、ここでは、父母相互の権利及び義務が問題となるのであって、ここでは子との法律関係が問題となるわけではないからである。これと同様に、民法施行法一四条一項（一般的な婚姻の効力）は適用され得ず、またたとえば――婚姻類似の共同体の、一般的な効力を顧慮して――民法施行法一四条は類推的に関係づけられ得ないが、なぜなら、婚姻及び非婚姻生活共同体は、通例離婚または別居を通じて解消されるところ、このときに共同親権の行使ないし面接交渉権の形成に関する法律問題は実践的なものとなるからである。連結のために決定的なのは、しかし、子と関係する父母の権利及び義務が、互いに子に対する父母の一方の、それぞれの権限及び義務と統一的な実質法の枠内で調和を維持すべきであるという思考である。したがって、共同親権の行使及び面接交渉権の行使に関する法律問題は、父母相互の関係において、附従連結において、民法施行法二一条により援用される、子がその常居所を有する国の法に服すべきである。

（＊）　本章は、原著者の許諾を得て、*Dörner*, Probleme des neuen Internationalen Kindschaftsrechts, Festschrift für Dieter Henrich, Verlag Ernst und Werner Gieseking, Bielefeld 2000, S. 119–131 を訳出したものである。

（1）　*Henrich*, Das Kollisionsrecht im Kindschaftsreformgesetz, StAZ 1998, 1; *ders.*, Kindschaftsreformgesetz und IPR, FamRZ 1998, 1401

(Nachdruck in: Schwab [Hrsg.], Das neue Familienrecht [1998] 509; *ders.*, Legitimationen nach ausländischem Recht: Sind sie noch zu beachten?, in: Mélanges Strum Bd. II (1999), 1505; vgl. auch bereits *ders.*, Änderungen der internaitonalprivatrechtlichen Vorschriften im Regierungsentwurfs zur Reform des Kindschaftsrechts, StAZ 1996, 353.

（2） 参照されるのは、*Kegel / Schurig*, Internaitonales Privatrecht, 8. Aufl.（2000）778; *v. Hoffmann*, Internaitonales Privatrecht, 6. Aufl.（2000）, § 8 Rn. 132 であり、事実上おそらく *Andrae*, Internationales Familienrecht（1999）Rn. 458, 460 もそうである。

（3） MünchKomm / *Klinkhardt*, Bd. 10: EGBGB, 3. Aufl.（1998）Art. 19 n. F. Rn. 14; Palandt / *Heldrich*, BGB, 59 Aufl.（2000）Art. 19 EGBGB Rn. 2; *Rauscher*, Internaitonales Privatrecht（1999）190 f.; *Henrich* StAZ 1996, 353（354 f.）; *ders.*, 1998, 3 f.; *Gaaz* StAZ 1998, 241（250）; *Looschelders* IPRax 1999, 420（421）; *Hepting* StAZ 2000, 33（34）.

（4） 参照されるのは、Begründung des Gesetzentwurfs zum Kindschaftsreformgesetz, BT-Drucks. 13/4899, S. 137 f. である。

（5） 参照されるのは、わずかに、Soergel / *Kegel*, Bd. 10: Einführungsgesetz, 12. Aufl.（1996）Art. 20 Rn. 10 ff.; Staudinger / *Kropholler*, Art. 20–24 EGBGB, 13. Bearbeitung（1996）, Art. 20 Rn. 39; MünchKomm / *Klinkhardt*（前注（3））Art. 20 a. F. Rn. 22 だけである。

（6） *Looscherlders*（前注（3））421; *Henrich*, StAZ 1998, 3 をも参照。

（7） BT-Drucks. 13/4899, S. 137 f.

（8） しかし、正当にも *Looschelders*（前注（3））422 f. が指摘するのは、対比される諸問題が母子関係の確認の場合にも生じ得ることである。

（9） 参照されるのは、Soergel / *Kegel*（前注（5））Art. 20 Rn. 10 で、これはその余の証明を付す。

（10） *Henrich*（前注（6））2 u. 4; *ders.*, FamRZ 1998, 1402 f.; さらに参照されるのは、先んじている *ders.*, StAZ 1996, 355 であり、これに同意する、*Junker*, Internationales Privatrecht（1998）Rn. 566 である。

（11） これに対し、民法施行法一九条一項三文の連結は、ここでは空になる。なぜなら、母は出生の時点でもはや婚姻していないからである。参照されるのは、MünchKomm / *Klinkhardt*（前注（3））Rn. 16; *Gaaz*（前注（3））250 である。

（12） Palandt / *Heldrich*（前注（3））Art. 19 EGBGB Rn. 6; *Hay*, Internationales Privatrecht（1999）303; またおそらくは、MünchKomm / *Klinkhardt*（前注（3））Art. 19 n. F. Rn. 14.

（13） *Hepting*（前注（3））35 ff.; もちろん、民法施行法二三条を指摘のもとであるが、これは、子がドイツ国籍の場合には、民法一五九五条及び一五九九条二項二文の適用をもたらす（a. a. O. 38）。「最大の蓋然性」という基準につき、また参照されるのは、先んじている Soergel / *Kegel*（前注（5））Art. 20 a. F. Rn. 12; *Kegel / Schurig*（前注（2））778である。

(14) *Looschelders*（前注（3））421 f.

(15) *Looschelders*（前注（3））422; 類似するのが、先んじている、*Gaaz*（前注（3））250 f.; また参照されるのは、*Hepting*（前注（3））38である。

(16) 参照されるのは、*Henrich*（前注（6））3及び *Hepting*（前注（3））36 ff.の例である。

(17) 二〇条旧規定について、すべてに代えて参照されるのは、Staudinger / *Kropholler*（前注（5））Art. 20 Rn. 41で、これは包括的な証明を付す。

(18) また参照されるのは、先んじている、*Henrich* StAZ 1996, 355である。

(19) 参照されるのは、*Hepting*（前注（3））41である。

(20) *Hepting*（前注（3））40.

(21) 参照されるのは、*Hepting*（前注（3））37 f.である。

(22) また参照されるのは、*Andrae*（前注（2））Rn. 460である。

(23) 追加的に、その都度、子の本国法上存在する同意の必要性が考慮されなければならない。参照されるのは、民法施行法二三条である。

(24) また参照されるのは、*Hepting*（前注（3））36である。

(25) この点につき参照されるのは、*Hepting*（前注（3））35 f.である。

(26) MünchKomm / *Klinkhardt*（前注（3））Art. 19 n. F. Rn. 15; Palandt / *Heldrich*（前注（3））Rn. 4; *Andrae*（前注（2））Rn. 461; *Rauscher*（前注（3））192; *v. Hoffmann*（前注（2））Rn. 124; *Looschelders*（前注（3））423 f.

(27) 参照されるのは、*Henrich*（前注（6））2 f.の、また *ders.*, FamRZ 1998, 1401 f.の熟慮である。出生の時点の基準性に賛成することを強調するのが、*Kegel / Schurig*（前注（2））782である。

(28) 参照されるのは、BT-Drucks. 13/4899 S. 137である。

(29) 旧法につき、批判的であるのが、たとえば、Staudinger / *Kropholler*（前注（5））Art. 20 a. F. Rn. 48.である。

(30) その証明が前注(31)ないし(33)において参照される。おそらく異なるのは、Paland / *Heldrich*（前注(3)）Art. 19 EGBGB Rn. 4だけである。

(31) *Henrich*（前注(6)）3; *Andrae*（前注(2)）Rn. 461; *v. Hoffmann*（前注(2)）§ 8 Rn. 133; 参照されるのは、また、*Looschelders*（前注(3)）424である。

(32) *Rauscher*（前注(3)）192.

(33) *Looschelders*（前注(3)）424.

(34) *Rauscher*（前注(3)）192; *Looschelders*（前注(3)）423 f.

(35) 参照されるのは、*Kropholler*, Internationales Privatrecht, 3. Aufl.（1997）171; *v. Hoffmann*（前注(2)）§ 5 Rn. 103; MünchKomm / *Sonnenberger*（前注(3)）Einl. IPR Rn. 613である。

(36) MünchKomm / *Sonnenberger*（前注(3)）Rn. 615.

(37) 参照されるのは、たとえば、Palandt / *Heldrich*（前注(3)）Vor Art. 3 EGBGB Rn. 30; Art. 10 Rn. 2（身分証明書の発給に際しての、氏名準拠法及び出自の準拠法の一致）である。

(38) 論争状況の包括的な叙述は、Staudinger / *v. Bar* / *Mankowski*, EGBGB, 13. Bearbeitung（1996）Anh. I zu Art. 18 EGBGB Rn. 18 ff., 37にある。

(39) 参照されるのは、わずかに、Staudinger / *Dörner*, EGBGB, 14. Bearbeitung（2000）Art. 25 Rn. 551 ff., 564で、これは論争状況に関するその余の証明を付す。

(40) 参照されるのは、MünchKomm / *Klinkhardt*（前注(3)）Art. 21 n. F. Rn. 18である。

(41) Palandt / *Heldrich*（前注(3)）Vor Art. 3 Rn. 30; MünchKomm / *Klinkhardt*（前注(3)）Art. 19 n. F. Rn. 1; MünchKomm / *Sonnenberger*（前注(3)）Einl. Rn. 499a; *Henrich* StAZ 1996, 357; *ders.* IPRax 1998, 115; *ders.*, Mélanges Sturm Bd. II（1999）1510 ff.; また、準正については、*Hepting* StAZ 1999, 97 f.

(42) 参照されるのは、先んじている、Staudinger / *Dörner*（前注(39)）Art. 25 Rn. 157 ff.

(43) 参照されるのは、MünchKomm / *Sonnenberger*（前注(3)）Einl. IPR Rn. 476 ff.; Soergel / *Kegel*（前注(5)）Vor Art. 3 Rn. 120.

(44) 婚姻の有効性という先決問題を独立連結することに賛成するのは、また、Palandt / *Heldrich*（前注(3)）Art. 19 Rn. 8; 見解を異にする（先決問題を択一的に連結する）のが、たとえば、MünchKomm / *Klinkhardt*（前注（3））Art. 19 n. F. Rn. 30 ff., 36である。

(45) これに反して従属連結に賛成するのは、*Henrich* FamRZ 1998, 1405; *ders.*, Mélanges Sturm Bd. II (1999) 1515; *ders.* IPRax 1999, 115であり、同意するのが、*v. Hoffmann*（前注（2））§ 8 Rn. 141 Fn. 314である。これに対し、ドイツ国際私法における新たな展開に賛成するのが、BayObLGZ 1999, 163 (168); *Hepting* StAZ 1999, 97 (103)であり、父母の共通本国法、国籍を異にする場合には、父の本国法とする。Palandt / *Heldrich*（前注（3））Art. 19 EGBGB Rn. 8は、子の属人法とする。

(46) BT-Drucks. 13/4899 S. 138.

(47) 正当であるのが、*Kegel / Schurig*（前注（2））782 f.である。

(48) Palandt / *Heldrich*（前注（3））Art. 10 EGBGB Rn. 1; Art. 19 EGBGB Rn. 3; Art. 20 EGBGB Rn. 1; MünchKomm / *Klinkhardt*（前注（3））Art. 19 n. F. EGBGB Rn. 49; Art. 20 n. F. EGBGB Rn. 16; *Andrae*（前注（2））Rn. 475.

(49) 正当であるのが、*Andrae*（前注（2））Rn. 475である。

(50) そこで、参照されるのは、現在でも、*Kegel / Schurig*（前注（2））783である。

(51) 参照されるのは、BT-Drucks. 14/343 S. 7における立法理由であり、これに同意するのが、Palandt / *Heldrich*（前注（3））vor Art. 38 Rn. 1である。

(52) そうであるのが、MünchKomm / *Klinkhardt*（前注（3））Art. 19 n. F. Rn. 49; Art. 20 n. F. Rn. 16である。

(53) より詳細なのは、Staudinger / *Dörner*, EGBGB, 13. Bearbeitung (1996) Art. 220 Rn. 11 ff.であり、これはその余の証明を付す。

(54) Palandt / *Heldrich*（前注（3））Art. 220 Rn. 2, 3; 手がかりにおいて同様であるのが、最近では、*Heß*, Intertemporales Privatrecht (1998) 243 ff.である。

(55) 参照されるのは、先んじている、Staudinger / *Dörner*（前注（53））Art. 220 Rn. 17である。

(56) 参照されるのは、Palandt / *Heldrich*（前注（3））Art. 220 Rn. 4で、これは裁判例に基づくその余の証明を付す。

(57) Palandt / *Heldrich*（前注（3））Art. 20 EGBGB Rn. 1.

(58) その証明が参照されるのは、Staudinger / *Dörner*（前注（53））Art. 220 Rn. 13である。

(59) 参照されるのは、より詳細な、Staudinger / *Dörner*（前注（53））Art. 220 Rn. 33, 35 ff., 40である。

第四章　「ヨーロッパ」国際私法の史的展開と現状(*)

山内惟介　訳

目　次

一　はじめに――ヨーロッパ共同体による法の定立

ヨーロッパ共同体における立法活動が加盟諸国の国内法に対して及ぼす影響力は今日ではますます強くなってきている。それに伴って、加盟諸国の国内法秩序は「ヨーロッパ化」してきている。その歩みは、共同体からみると、二つの次元、すなわち第一次共同体法と第二次共同体法とを通じて行われてきている。

第一次共同体法は一九五七年三月二七日のヨーロッパ（経済）共同体設立条約に定められている[1]。この条約には、その後、補充および変更が加えられている。今日、基準となっているのは、この条約を「整理した形式」の一九九七年一〇月二日のアムステルダム条約である[2]。ヨーロッパ共同体設立条約（以下、ヨーロッパ条約）には、共同体組織法、ヨーロッパ法定立のための権限付与根拠、ヨーロッパ条約一二条所定の国籍を理由とする差別の一般的禁止、ならびに、いわゆる基本的自由の保障、すなわち、自由な物品流通（ヨーロッパ条約二三条以下）、労働者の自由移動（ヨーロッパ条約三九条以下）、居住移転の自由（ヨーロッパ条約四三条以下）および役務提供の自由（ヨーロッパ条約四九条以下）ならびに資本・支払流通の自由移動（ヨーロッパ条約五六条以下）、これらの保障が含まれている。

第二次共同体法たる法規は、共同体設立条約に基づいてその使命を果たすべく指令および規則の形式で公布されたものである（ヨーロッパ条約二四九条一項参照）。規則は、一般的効力を有する法定立行為であって、加盟諸国では直接的にかつすべての分野で強制的に有効なものである（ヨーロッパ条約二四九条二項）。これに対して、指令は、私人に対する関係では直接的強制力を持たず、加盟諸国によってまずそれぞれの国内法へと置き換えられなければならない。指令は加盟諸国に対してあらかじめ規律目標を与えるものであり、置き換えをなすべき最終期限を設定する。さらに、指令は、加盟国の国内政府に対し、基準とされた諸目標が所定の期限内のいつ、いかなる法形式で、どのような形態で置き換えられなければならないかに関する判断を委ねている(ヨーロッパ条約二四九条三項)。それゆえ、指令は、加盟諸国に対し、置き換えにあたってある種の時間的かつ内容的な裁量の余地を与えている。

共同体法をできる限り統一的に適用するため、ルクセンブルクにあるヨーロッパ裁判所には、ヨーロッパ条約および共同体の諸機関により行われた法的行為に関する解釈権限が認められている(ヨーロッパ条約二三四条一項、二項)。加盟諸国の国内裁判所が先行裁判を求めてヨーロッパ裁判所に提訴する権能および義務を有するのは、ヨーロッパ法上の問題を解決することが当該裁判をなす前提となっている場合である(ヨーロッパ条約六八条および二三四条二項、三項)。ヨーロッパ裁判所は共同体法上の諸規定の解釈を独立して、つまり、自発的にかつ諸国の国内法秩序に立ち戻ることなく、[3]通常の解釈方法(文言、体系、意味および目的、成立史)に従って行っている。複数の解釈が可能な場合に同裁判所が優先的に採用した解釈は、ヨーロッパ共同体条約が掲げる目標の達成に向けて最も大きく寄与するものであり、共同体の職務遂行能力を確保するものとなっている。[4]

第一次共同体法も直接適用される第二次共同体法も、ともに加盟国の国内法に優先する。[5]

二　ヨーロッパ共同体法と国際私法

ヨーロッパ共同体の目標は、ヨーロッパにおいて統一的な生活・経済空間を創設することにある(詳しくはヨーロッパ条約二条、三条参照)。この目標を最も効果的に達成できる方法は、加盟国間で法的な枠組をまったく同じように創ること、すなわち、すべての加盟国の実質法を統一することである。実質規定が統一されれば、(いずれにせよ一目で明らかなように）抵触規定は無用となろう。けだし、この場合には法の抵触が生じないからである。実際、実質法の次元で諸国の国内法を統一するという考えは初期には共同体の政策の中で強い魅力を持っていた。それにも拘わらず、ヨーロッパの立法者は、これまでは権限付与根拠がごく限定されていた（ヨーロッパ条約九四条、九五条）ために、長い間、国際私法に対して格別の関心を払ってこなかった。

それでも、その後これまでの間に、国際私法上の抵触規定がヨーロッパ共同体法の体系においても重要であるということが明らかになってきている。(6)

1　承認——法調整の代用策（「出所地国主義」）

第一に、ヨーロッパ共同体の法政策上、一九八〇年代初めから針路変更が行われた結果、今日ではもはや実質法の統一および調整は中心的なテーマにはなっていない。ヨーロッパにおける政策の目標はむしろ、各加盟国で他の加盟諸国の法（特に経済法）を自国のそれと同価値のものと認めることにある（域内市場構想）(7)。どの企業もその出所地国の法規を遵守している限り、共同体内では自由に行動することができる（「出所地国原則」）。それゆえ、とりわけ経済法的な問題が提起される場合、出所地国の法が重要になっている。

しかし、そこにいう「出所地国法原則」と国際私法とが個別的にどのような状況にあるかはむろんまだ完全には明らかにされていない。意表を突くようなやり方でこのことを示しているのが、二〇〇〇年六月八日の電子商取引による影響に関する指令(8)をめぐる討議である。この指令は三条一項および二項で前述の「出所地国原則」の採用を確認している。これによれば、一方で、どの加盟国も、自国の主権領域内に居住し、かつ、物品および役務を電子的手段、たとえばインターネットを介して提供する企業が、そうした活動の開始および実施に関して当該加盟国で行われている諸規定を遵守する限り、その活動を保障している。他方で、その他の加盟諸国は、自国領域内での役務取引を制限してはならず、それゆえ、居住国の諸規定を遵守している提供者の国境を越える活動を受け入れなければならないとされている。それと同時に、この指令一条四項では以下のように述べられている。

「本指令は、国際私法分野で追加的規定を創設するものではなく、裁判所の管轄権にも関わるものではない。」

こうした規定の仕方に矛盾が生じるという点は、以下の例によって示されている。

例――ポルトガルに居住する企業の営業活動がインターネットを介してドイツ市場で行われているとしよう。この企業は、その際、どのような競争法規定を、特に広告宣伝に関する規定を遵守しなければならないか。ドイツ国際私法によれば、競争違反について適用されるのは修正された行為地原則、すなわち、競争者の競争法上の諸利益が遭遇する地、つまり市場地の法である[9]。そこで適用されるのは、インターネットによる宣伝の場合であっても、消費者や購買者の住所または営業所が所在する国の法である。ドイツの抵触規定によれば、右の例における準拠法は（寛大な）ポルトガル法ではなく、（厳格な）ドイツ法である。しかし、電子商取引指令中に定められた「出所地国原則」が特別抵触規定と考えられるときは、この特則により、企業者の本拠地法であるポルトガル法が指定される。こうした矛盾を解消する可能性は、なるほどドイツ法上の基準となる抵触規定を引き続き適用はするが、それでも、実質法の次元でドイツおよびポルトガルの宣伝広告法を相互に比較し、ドイツ法が事業者にとって相対的に厳格な要求を含むときは、ドイツ法をポルトガル法上の諸規定を通じて修正するという方法であろう[10]。

2　加盟諸国における法的差異の存続

第二に、加盟諸国間にはむろん依然として法的な差異が存在している。このような状況は、すでにヨーロッパ統一立法により把握されている分野でもそうである[11]。すなわち、ヨーロッパ共同体はこれまで私法的な規律を主として指令を通じて行ってきた。指令は基準とされた諸目標を遵守して各加盟国により国内法へと置き換えられなければならないものであるが、各加盟国には置き換えの形式および内容について裁量の余地が認められている（前述一参照）。このようにして、加盟諸国が当該指令により基準とされている事項のうちどの点を置き換えようとするかは、部分的に加盟国に委ねられている。加盟諸国は、おそらくは、当該指令に定められた一定の最低基準を超えるような規定をも創設することができよう。それゆえ、加盟国ごとに異なる法規が存在することは、すでにこの指令自体の中に示されているということになる。

この他、加盟諸国の私法全体をカヴァーするような統一を予測可能な将来に達成することはそもそもできないであろう。これによって生じる諸問題は（相異なる）加盟国の国内法に依拠することで解決されなければならない。それゆえ、結果的には、将来も相異なる実質法が並存することとなり、それら実質法を加盟諸国に対する関係で適用できるか否かを抵触規定の助けを借りて決定しなければならない。

指令は往々にしてごく部分的にのみ加盟諸国の国内法に介入するにとどまる。それゆえ、それに付属する抵触規定も、そもそもそれが存在するとしても、その適用範囲は極めて狭いものでしかない。(12) しかしながら、ヨーロッパの立法者は保険契約法の分野について包括的な規律を試みてきた。これについては、以下の三で詳論する。

3　「ヨーロッパ私法」と第三国法との関係

第三に、加盟諸国の法が完全にまたは広範囲にわたって統一されている分野においてでさえも、加盟諸国の（大なり小なり同一の）法の間でまたは第三国法との間で適用上の抵触が存在する。ヨーロッパ共同体諸国は、これらの事案では「ヨーロッパ外の世界」に対し、ある程度統一的な法的空間を形成している。その場合、統一的な「ヨーロッパ」法が適用されるのか、第三国法が適用されるのかは、抵触規定により定められなければならない。ヨーロッパの立法者は特に消費者保護法においてこうした視点に重要性を認めてきた。これについては、以下の四で取り上げよう。

三　部分的法典化の失敗——国際保険契約法

加盟諸国の実質法である保険法を少なくとも中核的な部分で統一しようとする試みは諸国の法秩序間の相違が大きかったために失敗した。しかしながら、その後、ヨーロッパの立法者は、一九八〇年代末および一九九〇年代初めに、損害賠償保険および生命保険に関するいろいろな指令[13]を通じて国際保険契約法を部分的に統一してきた。ドイツの立法者によって、この指令はドイツ法では保険契約法施行法中に移植されている。[14]この保険契約法施行法には、特別の適用規定(以下、1)と結合された主観的連結点(以下、2)および客観的連結点(以下、3)が含まれている。

1 「リスクの所在」

「ヨーロッパ」国際保険契約法における中心的な概念は保険契約法施行法七条における「リスクの所在」である。同条は以下のように規定する。

七　条

(1)　再保険を除き、保険契約がヨーロッパ共同体のいずれかの加盟国またはヨーロッパ経済領域に関する協定のいずれか他の締約国に所在するリスクを補填する場合、当該保険契約に対して、以下の諸規定が適用されなければならない。その場合、ヨーロッパ経済領域締約諸国はヨーロッパ共同体加盟諸国と同様に取り扱われる。

（2）　本法の適用上、リスクが所在する加盟国は以下の各号に掲げる国とする。

(1)　不動産、特に建造物および施設、ならびに、そこに所在しかつ同一の契約により補填される物、これらに関するリスクを補填する保険の場合、当該目的物が所在する加盟国、

(2)　いずれかの加盟国で公的なまたは公的に認められた登録簿に登録されなければならず、かつ、識別基準を有する、すべての種類の車両に関するリスクを補填する保険の場合、当該登録簿を管掌する加盟国、

(3)　旅行および休暇のリスクに関する保険で、最長四か月までの期間に関する保険契約で補填されるリスクに関する保険の場合、保険事業者が契約締結につき必要な法的行為を行っていた加盟国、

(4)　その他のすべての場合であって、

(a)　保険事業者が自然人であるときは、当該自然人が常居所を有する加盟国、

(b)　保険事業者が自然人でないときは、当該契約が関連している企業、営業所またはこれらに相当する施設が所在する加盟国。

「リスクの所在」という概念は次の二重の機能を有する。[15] 第一に、この概念は、保険契約法施行法に含まれた、以下の抵触規定の事項的適用範囲を決定する。つまり、この抵触規定が保険契約[16]について契約準拠法を決めるのは、当該契約が「ヨーロッパ共同体のいずれかの加盟国[17]かまたはヨーロッパ経済領域に関する協定のいずれか他の締約国[18]に所在するリスクを補填する」場合のみである（保険契約法施行法七条一項）。これらの事案では、右の抵触規定が「民法施行法」中の一般的な契約に関する抵触規定を駆逐する。これに対して、保険契約が第三国（例――日本、スイス、アメリカ合衆国）に所在するリスクに関連するときは、民法施行法二七条以下の一般的な抵触規定がそのまま適用される（これについての詳論は後述**四**1）。

第二に、保険契約法施行法中の特別規定が関連する場合(それは、保険を付されたリスクがヨーロッパ共同体またはヨーロッパ経済領域のいずれかの加盟国に所在するからである)、具体的に基準とされる加盟国法は「リスクの所在」地いかんに応じて異なって指定される。それゆえ、「リスクの所在」という概念は、この関連で言えば、多くの抵触規定で、そのつどの準拠法秩序を指定する「連結点」として機能している(後述3参照)。

もちろんこうした抽象的連結点が表現している内容自体はさほど明確なものではない。実際、この連結点は一連の相異なった種類の連結点をまとめたものである。そこで考慮されているのは、保険契約の抵触法的重心が下位類型および保険を付された危険性に応じて異なって決定されなければならないという事情である。比較的細かな差異がみられるのは、保険契約法施行法七条二項である。同項は「リスクの所在」をさらに詳しく規定し、不動産保険(火災保険、突発事故保険、建物所有者責任保険など)については所在地(一号)、車両保険(車体保険、責任保険など)については登録地(二号)、旅行保険(旅行手荷物保険、旅行契約解除保険、旅行事故保険など)で期間が最大四か月までのものについては被保険者の意思表示地(三号)、そして、その他のすべての保険(例——生命保険、疾病保険、事故保険、責任保険)については被保険者の常居所地または人的団体若しくは法人の場合には営業所所在地(四号)を連結点と規定する。

例——

(1) ドイツの被保険者がスイスにある自分の休暇用家屋につき火災保険契約を締結しようとしているとしよう。このリスクはヨーロッパ共同体外にある(保険契約法施行法七条二項一号)。この場合、適用されるのは、保険契約法施行法上の抵触規定ではなく、民法施行法上の一般的な規定である(民法施行法二七条、二八条)。

(2) ドイツで生活しているトルコ人がイスタンブールへの自動車旅行につき車体保険による保護を付けようとした。この車両はドイツで登録されているので、保険契約法施行法七条二項二号によれば、リスクの所在地はドイツとなり、その結果、保険契約法施行法の諸規定が適用される。

（3）パリで生活しているフランス人が三か月間の日本滞在につき旅行疾病保険の締結に基づいてドイツ保険の提供を受けているとしよう。保険契約法施行法七条二項三号が適用される。この提供はフランスで受け入れられており、それゆえ、リスクはそこにも所在するからである。この場合、適用されるのは保険契約法施行法である。

2　基準となる保険契約準拠法の選択

民法施行法中の一般的な国際債務法（民法施行法二七条一項）と比べると、「ヨーロッパ」国際保険契約法における当事者の契約締結の自由は大きく弱められてしまっている。限定的な準拠法選択を可能とする若干の抵触規定を除けば、全面的に自由な準拠法選択が可能なのは大規模リスク（保険契約法施行法一〇条一項）と通信リスク保険（保険契約法施行法九条四項）についてのみである。大規模リスク（例――レール使用車両、航空機または船舶についての運送保険や責任保険、大企業の物保険や責任保険）の場合に自由な準拠法選択を認めるのは、被保険者保護の必要性がないからである。大規模リスクの補填を求める者は、おそらくは専門家の助言を得られよう。それゆえ、外国法の選択を認めても、当事者にとってはなんら特別のリスクは隠されていない。当事者が外国の法秩序、それも自己の必要性により良く対応した法秩序によって認められる解決策へ乗り換えることは、むしろまったく逆に、まさしく被保険者の利益となろう。

通信リスク保険を締結する際に準拠法選択の自由を認める（保険契約は、国内に常居所や主たる管理機関を有する被保険者により、文書により、電話で、ファックスで、またEメールで、さらに外国滞在の際に外国の保険者のもとで締結されている）という考えの根底にあるのは、国内に住所などの本拠を有する被保険者が自己に都合のよい保険による保護を求めて自発的に本国の保険監督および自国の保険法の適用範囲を捨て去っている場合にはこの者は当該外国の保険契約法に対する保護を必要としていないという点を考慮するからである（保険契約法施行法九条四項）。

3 客観的連結

保険契約法施行法が準拠法選択を認めていないかまたは当事者が所与の準拠法選択の可能性を利用していないときは、客観的に連結されなければならない。この場合に利用されるのが次の二つの抵触規定、すなわち、保険契約法施行法八条と一一条である。

八条が適用されるのは、被保険者の住所などの本拠（自然人の場合は常居所、法人の場合は主たる管理機関所在地）とリスクの所在地（前述1参照）とが同一国に所在する場合である。これは基準となる連結要素の「収斂」という類型である。この場合に適用されるのは、これら二つの要素が指定する国の法である。

例——ドイツで生活し、就労しているギリシャ人の生命保険の場合。常居所とリスクの所在（保険契約法施行法七条二項四号）とは一致し、両者ともドイツ法を指定する。

保険契約法施行法一一条が介入するのは基準となる連結要素の「分散」の場合、それゆえ、被保険者の常居所ないし主たる管理機関所在地とリスクの所在地とが契約締結時に同一の法秩序を指定していない場合である。この場合に基準となる法は、当該契約が最も密接な結び付きを示している法である。推測すると、それは被保険者の住所など、本拠の法ではなく、リスクが所在する国の法であろう（保険契約法施行法一一条二項）。

例——ドイツに常居所を有する事業者がフランスに登録されているトラックに保険を掛けるとしよう。この場合、被保険者の常居所（ドイツ）とリスクの所在（保険契約法施行法七条二項二号——フランス）とが示す加盟国は異なっている。準拠法選択が行われていなければ、連結点が分散しているため、決め手になるのは最も密接な結び付きである——この場合、登録が行われているフランスの法によるとする取扱いには疑問がある（保険契約法施行法一一条二項）。

4　「ヨーロッパ」国際保険契約法に対する批判

右に示した概観がすでに示すように、ヨーロッパにおける国際保険契約法の法典化は成功していない。

第一に、筆者に理解できないのは、なぜ、ヨーロッパ共同体内にあるリスクとヨーロッパ共同体外にあるリスクとについて異なる抵触規定を適用すべきなのかという点である。ここでは、両者の統一が緊急に必要とされている。

第二に、納得できないのは、なぜ、「ヨーロッパ」抵触規定が古くから知られている連結点（「常居所」、「主たる管理機関所在地」、「準拠法選択」、「最も密接な結び付き」）に代えて、「リスクの所在地」という新しい連結点を用いなければならないのかという点である。それは、「リスク所在地」という概念があまりにも抽象的であることが明らかであり、個々の保険類型につき別個の連結に席を譲っているからである。

第三に、保険契約法施行法八条および一一条の、連結要素の結合（「収斂」と「分散」）を伴う客観的連結は不必要に複雑である。

ゲアハルト・ケーゲル（ドイツ国際私法学界の最長老）はドイツが右の指令を保険契約法施行法に置き換えたことを、赤ん坊をコウノトリが連れてきたということになぞらえて、次のような言葉でコメントしていた。いわく、「赤ん坊を連れてきたコウノトリからライセンスを取り上げるべきだ[19]」と。

四　共同体法上の基準に対する抵触法的保障——消費者保護と商事代理人契約

第三の大きなテーマである「ヨーロッパ」国際私法は、最近では、かなり中心的な地位を占めるようになってきている。問題は、ヨーロッパ共同体内で達成されている実質法上の保護水準を第三国に対する関係で抵触法上どの程度守ることができるかである。この目標を達成するための抵触法的手段はいわゆる「介入規範の特別連結」である。この特別連結は特に国際契約法（後述1参照）で用いられている。[20] この場合、国内契約法上の一定の諸規定が、「国際的に強行的なもの」とみなされ、具体的事案で基準とされる契約準拠法を顧慮することなく、適用されている。このような連結はヨーロッパ消費者契約法ではすでに数年前から実践されてきた（後述2参照）。ヨーロッパ裁判所は少し前に下され、多くの注目を集めた「イングマール事件」の裁判で特別連結というこの考えを商事代理人契約法においても転用している（後述3参照）。

1　国際契約法（民法施行法二七条以下）

ドイツ国際契約法は民法施行法二七条ないし三七条に定められている。そこで規定されている抵触規定のもとになったのは、条約、つまり一九八〇年六月一九日の契約債務関係の準拠法に関するローマ条約であった。[21] この条約は国内規定という「衣をまとって」民法施行法中に取り入れられている。

基準となる契約準拠法はまずもって当事者の準拠法選択を通じて決定される（民法施行法二七条一項）。当事者がそうした準拠法選択を行っていなかったときは、当該契約が最も密接な結び付きを示している法が適用される。これは、おそらく、該当する当事者の常居所や管理機関所在地で行われている法、当該契約にとっての特徴的給付をもたらす法であろう(とくに民法施行法二八条一項、二項参照)。契約を特徴付ける給付を構成するのは金銭ではない。この連結は契約を特徴付ける給付をもたらす事業者(売り主、サービス提供者)を優先し、金銭を支払う顧客を後回しにしている。特別連結が行われるのは、重要度が最も高い消費者契約についてである——準拠法選択がない場合、当事者が服する法は、消費者がその常居所を有する国の法である(民法施行法二九条二項)。この場合、その他の法を選択することによって、消費者からその常居所地国法上行われている強行規定による保護が剥奪されるような結果をもたらしてはならない(民法施行法二九条一項)。これらの事案では、事業者が消費者の常居所地国で自己のサービスを提供し、それについて宣伝し、また消費者の契約締結の意思表示をそこで受け取っていたということが前提とされている。

2　「ヨーロッパ」国際消費者保護法(民法施行法二九a条)

ここで取り上げられるのが、ヨーロッパの立法である。従来のヨーロッパ消費者保護指令[22]にはまだ抵触法的規定は含まれていない。濫用条項[23]、タイムシェアリング[24]、通信販売[25]、そして、消費財購入[26]、これらに関する最近の指令は、加盟国に対し、「ヨーロッパ消費者保護法」が投票で否決されるような動きから消費者を守るように命じている。第三国法が適用される場合において、当該契約が共同体領域に対して密接な結び付きを示しているときは、指令により実質法次元で選択された保護が消費者に与えられるべきである。指令の基準をいろいろな個別規定に分散して置き換えないようにするため、ドイツの立法者は二〇〇〇年六月二七日の法律[27]を通じて共同体の抵触法的活動を新しい民法施行法二九a条の中にまとめた[28]。その一項は次のように規定する。

「契約が準拠法選択に基づきヨーロッパ連合加盟国[29]法またはこれとは別のヨーロッパ経済領域に関する協定締約国[30]法に服していない場合において、当該契約がこれらの国のいずれかの領域と密接な関連を示しているときは、当該国の領域で行われている、消費者保護指令置き換えのための諸規定が適用されなければならない。」

この規定が介入するのは、それゆえ、契約当事者が民法施行法二七条一項に従って第三国法を契約準拠法として選択していたが、当該契約がいずれかの加盟国法と「密接な関連」を示していたという場合である。民法施行法二九条とは反対に、この規定はあらゆる種類の契約に適用される。

何が「密接な関連」と考えられるべきかを述べている規定は置かれていない。決定的なのは、個別具体的事案における事情全体に対する総合的な評価である[31]。考慮されなければならないのは、たとえば、消費者の国籍や常居所、事業者の管理機関の本拠や営業所、契約の締結地および履行地、そして契約目的物の所在地、これらである。同条二項によれば、密接な関連があると考えなければならないのは、特に当該契約がいずれかの加盟国で公開で行われる提供や宣伝に基づいて成立していた場合であり(一項一号)、また、消費者が意思表示を行う際にその常居所を域内市場に有していた場合である(一項二号)。これに対して、この規定は、消費者がその契約上の意思表示をヨーロッパ連合内で行っていたということを要件とはしていない(この点は民法施行法二九条とは異なる[32])。

これらの要件が満たされている場合、前述の二九a条四項に挙げられているヨーロッパ指令中の保護規定は、それらがそのつど当該国に置き換えられている形式で適用されなければならない。その場合、ヨーロッパ域内市場の保護水準が、選択された契約準拠法を顧慮することなく、確保されなければならない。この規律がどのような帰結をもたらすかを示しているのは以下の例である。

例――日本のある企業がインターネットのウェブサイトで日本の書籍を売りに出した。長らくベルリンで生活している日本人が日本への一時帰国の間にこうした可能性を利用し、ドイツへ帰国する前に東京で書面により注文を出した。発送を行った企業の取引約款によれば、この契約は日本法に服するものとされている。ここでは当事者はヨーロッパ域内市場以外の国の法を選択していたが、当該契約はドイツ連邦共和国と密接な関連を示している。というのは、(1) 世界的規模で存在しているウェブサイトでの申込みは、顧客がウェブサイトを呼び出すことのできる地[33]、本件では、それゆえ、ドイツ連邦共和国で(も)あるが、この地で行われたものとみなされているからであり、(2) また顧客がその常居所をドイツに有するからである。この契約はドイツで清算されている。これに対して、買い主の国籍が日本であることは重要ではない。買い主が日本で契約申込みを受け入れたことは重要ではない[34]。それゆえ、この契約に適用されるのは、民法中の諸規定、つまりヨーロッパ通信販売指令の置き換えを含む諸規定である。このことが実際に意味するのは、日本の企業はそのウェブサイトを介してヨーロッパ法ないしドイツ法が定めるきわめて詳細な情報提供義務を遵守しなければならないという点である[35]。このことが行われていない場合、顧客は、当該契約を六か月の間は理由を記載することなく撤回することができる[36]。返送は事業者の費用および危険負担において行われる[37]。

3　国際商事代理人契約法――ヨーロッパ裁判所の「イングマール事件」の裁判

ヨーロッパ裁判所の判例でも示されているのが、域内市場の経済法的基盤を対外的に隔絶させるという傾向である。このことは二〇〇〇年一一月九日の「イングマール」事件における画期的判決[38]で明らかになっている。この判決は抵触法の文献[39]で大きな注目を浴びている。

英国会社イングマールはイギリスに管理機関の本拠を有するが、カリフォルニア州に居住する会社と商事代理人契約を締結した。この契約は明示の合意に基づいてカリフォルニア州法に服するものとされていた。契約終了後の清算金額の支払いに関する訴訟の過程で、イギリスの控訴院（Court of Appeal）がヨーロッパ裁判所に対して提示した問題は、一九八六年一二月のヨーロッパ商事代理人指令[40]に基づく二つの規定が、当該契約関係が第三国法に服せしめられる場合にも遵守されなければならないか否かというものであった。同指令中の二つの関連規定では、加盟国に対して、独立商事代理人に対して自国国内法上、契約の終了に際して精算請求権や損害賠償請求権を与えることが義務付けられていた。この規律は、同指令の基準にしたがえば、商事代理人保護のために諸国の国内法中に取り入れられるべきものとされている。

ヨーロッパ裁判所は提示されたこの問題を肯定的に解釈し、その判断を次のように理由付けた。すなわち、同指令の目標は、第一に、契約終了の際に独立商事代理人を保護すること、第二に、域内市場における商事代理人にとっての競争条件を統一すること、そして、居住移転の自由と混じりけのない純粋な競争を保障すること、これらにある。同指令の関連規定を共同体領域内で遵守することは、域内市場の諸目標を実現するために必要不可欠であるように思われる。それゆえ、共同体の法秩序にとっては、「共同体との関連が強い場合に」これらの規定が準拠法選択を通じて傍らへ押しやられないようにすることこそが根本的に重要である。たとえば、商事代理人がいずれかの共同体加盟国の領域内で活動していた場合には、この種の「共同体との関連」が認められる。

ヨーロッパ裁判所が到達した結論は、それゆえ、同指令に定められている関連の基準が形を変えて定められている加盟諸国の規定を、その他の契約準拠法と並んで、適用することができるというものであった。同指令上のこれら強行規定はヨーロッパ裁判所によってある程度まで「抵触法的介入命令」という性格を与えられている。これらの規定には、域内市場としかるべき関連がある場合に、同指令の置き換えに基づく内国実質規定の適用を保障する不文の抵触規定が付加されている。

この裁判はいわば小規模の革命とでもいうべきものであった。というのは、この裁判が実際に意味するところは、ヨーロッパ連合やヨーロッパ経済領域の内部に活動の重心を有する商事代理人は、当事者が第三国法を選択しており、この第三国の法が同指令を反映した法上の保護水準の背後に踏みとどまっている場合にも、同指令を反映した法上の保護を享受するということにとどまらなかったからである。同判決は、さらにそれ以上に、その他の関連がある場合にも、ヨーロッパの水準を将来実施するための論証モデルを提供している。商事代理人指令について適用されるものは、その他の指令にも転用することができよう(41)。このことから、たとえば訪問販売の場合の取消、消費者信用、生産物責任、電子商取引に関する指令に基づく保護規定もこれと同様に「国際的に強行性を有する」か否か、その結果、加盟諸国法の中にしかるべく変換された規定が第三国法に対しても貫徹されるか否かという点が顧慮されなければならないこととなろう。

4 「ヨーロッパ的規模での特別連結」に対する批判

「ヨーロッパ的規模での介入規定」が発展してきた前提には、口に出されることはないが、ヨーロッパ連合法中に現れている法政策的および社会政策的な価値観念および保護水準が第三国法上のそれらに優先され、それゆえ、個別的事案で貫徹されるべきだという考えがある。抵触法学者としては、こうした発展を心に留めるのにもある種の疑念を持たざるを得ない。

第一に、こうした発展は法の適用を難しくする。というのは、基準とされる契約準拠法を伝統的な抵触規定の助けを借りて決定するだけでは足りず、常に当該指令を反映した法上の国際的に強行される諸規定をも顧慮しなければならないことになるからである。相異なった法秩序に由来する法規範をこのように結び付けることは実務の取扱いを面倒なものとし、調整および適応という問題をもたらそう。第三国が同様に振る舞えば、その結果、抵触法上のメンタリティも「車陣(=古代・中世に車両を防壁代わりにした陣地)」のように不安定なものとなり、国境を越えた物品および役務の交換は相当程度妨げられよう。

第二に、「イングマール事件」の裁判について問題となり得るのは、同裁判所がこの事案ではたして正しく裁判していたか否かである。なるほど、ヨーロッパの消費者保護を——民法施行法二九a条におけるように——抵触法の中に延長する形で実現することにはそれなりの意味があろう。というのは、国境を越える取引の場合にも消費者は保護を必要とするように思われるからである。しかし、商事代理人契約に関与している双方の事業者は、取引経験と職業的法律相談に基づいて、国際取引のリスクを見積もることのできる者たちである。

第三に、「イングマール」事件判決により大きな法的不安定性が引き起こされてしまっている。というのは、その当時、その他の指令上のどの規定が将来のヨーロッパ裁判所の判例において準拠法選択に対する抵抗力を示し、その保護目的に基づいて国際的に貫徹されるかということを誰も正確には知らなかったからである。

五　展望——「ヨーロッパ」国際私法にとっての新しい権限付与根拠

これまでの発展をまとめると、ヨーロッパの立法者が抵触法の発展および法典化に寄与してきた範囲はごく限られていることが明らかになる。しかし、こうした状況は、将来は、変わることであろう。というのは、一九九七年一〇月二日のアムステルダム条約[42]という形でようやく「民事事件における司法協力分野での諸措置」をヨーロッパ共同体に認める法的基盤が創設されたからである（ヨーロッパ共同体条約六一条c）。アムステルダム条約六五条aおよびbによれば、次の各号に掲げるものもそこに含まれる。

a　次に掲げる事項の改正および簡素化
―裁判上および裁判外の文書の国境を越える送達に関する制度
―証拠方法収集の際の協力
―民事および商事の事件における裁判上および裁判外の判断の承認および執行
b　加盟諸国で行われている抵触規定および権限の抵触を回避するための諸規定の調和の促進
但し、「渉外的関係を有する民事事件における」当該諸措置が域内市場を支障なく運営する上で必要とされるときに限る。

六五条aで認められた、国際民事手続法分野での諸措置を創設するための権限をヨーロッパの立法者はきわめて迅速に利用した。たとえば、ヨーロッパの立法者はこれまでに以下の規則を公布している。(43)

―加盟諸国における国境を越える送達を簡素化するための、加盟諸国での民事および商事の事件における裁判上および裁判外の文書の送達に関する規則(44)
―倒産手続についての国際的管轄権および準拠法ならびに倒産裁判の承認の規律に関する規則(45)
―二〇〇〇年五月二九日付けの婚姻事件および共通の子に対する夫婦の親責任に関する手続における管轄権ならびに裁判の承認および執行に関する規則(いわゆる「ブリュッセルII」規則)(46)
―二〇〇〇年一二月二二日付けの民事および商事の事件における裁判所の管轄権ならびに裁判の承認および執行に関する規則(47)――これは、いわゆる「ブリュッセルI」規則で、一九八六年のヨーロッパ裁判籍・執行協定の改訂を含んでいる。(48)

最後に、
―二〇〇一年五月二日付けの民事または商事の事件における証拠の分野での加盟諸国裁判所間の協力に関する規則(49)

注目に値するのは、特にヨーロッパの立法者があらゆる種類の法定立行為についてどのような法形式を選択していたかという点である。一方では、ヨーロッパ諸国の協力で条約の時代が通り過ぎてしまっているようにみえる。それゆえ、これらの問題に関する識者の表現によれば、今は「条約のたそがれ[50]」にあたる。ヨーロッパ裁判管轄執行条約の例が示すように、このモデルはきわめて使いにくいものであることが明らかである。というのは、共同体を拡大する場合にはいつでも、新しい加盟諸国との間で、新しい参加協定が締結されなければならなかったからである。そのことは条約作成作業を厄介なものにしてきた。それは、実際には、当該協定のどの表現形式が個別具体的事案で適用されるかがまず確定されなければならなかったからである。

しかしながら、他方で、ヨーロッパの立法者は、ヨーロッパの規律目標を置き換える際にある程度の裁量の余地を加盟諸国に開いている指令という手段をもはや用いてはいない（前述一参照）。ヨーロッパの立法者はこのような法的行為についてむしろ「大胆な」形式である「規則」（前述一参照）を選び、したがって、その施行をもってすべての加盟国でまったく同一のかつ拘束力を有する法規範を作り出してきた。最初に中欧および東欧の諸国が共同体に参加したとき、これら新しい有資格参加国は特別に条約を批准しなければならなかったわけではなく、参加の時点で、前述のさまざまな規則およびそれとともに部分的に統一された民事手続法を共同体の「法的構成部分」の一部として受け入れてきた（「共同体の獲得した成果（acquis communautaire）」）。

この他、ブリュッセルでは、すでに規則という法形式で国際私法を共同体化することについても検討されてきている。その例は、ヨーロッパ共同体規則によるヨーロッパ債務契約協定の現代化[51]と国際不法行為法の法典化[52]である。ヨーロッパの立法者は、最近ではさらに進んで、国際夫婦財産法および国際相続法さえをも視野の中に入れており、昨年二〇〇一年秋にはそうした立法活動を準備するために、これらの題材について二つの法比較研究を作成した[53]。

（＊）本章は、二〇〇二年四月一八日に中央大学法学部において、Entwicklung und Stand des „europäischen" Internationalen Privatrechts と題して行われた講演の翻訳である。

（1）BGBl. 1958 II 1.

（2）ABl. EG 1997 Nr. C 340, 1 = BGBl. 1998 II 386.

（3）*Kropholler*, Internationales Privatrecht, 4.Aufl.（2001）. 10 III 2; *Streinz*, Europarecht, 6. Aufl.（2001）Rn. 500 参照。

（4）*Streinz*（前注（3））Rn. 498 参照。

（5）参照されるのは、EuGH Rs. 6/64, Costa / ENEL, Slg. 1964, 1251, Rn. 13 のみである。これについては、*Streinz*（前注（3））Rn. 168 ff. 参照。

（6）これについては、*Basedow*, NJW 1996, 1921 ff. 参照。

（7）*Streinz*（前注（3））973 ff. 参照。

（8）電子商取引に関する指令、2000/31/EG, ABl. EG 2000 Nr. L 178 S. 1. この「出所地国原則」の抵触法的意義をめぐる討議について参照されるのはたとえば、*Spindler*, ZHR 2001, 124 ff; *ders.*, IPRax 2001, 400 ff.; *Fezer / Koos*, IPRax 2000, 349 ff.; *Thünken*, IPRax 2001, 15 ff.; *Mankowski*, ZvglRWiss 2001, 137 ff. である。

（9）参照されるのは、BHGZ 113, 15; 連邦通常裁判所 NJW 1998, 1227（1228）および 2531（2532）; *MünchKomm / Kreuzer*, Bd. 10: Internationales Privatrecht, 3. Aufl.（1998）Art. 38 Rn. 240 ff.; *Staudinger / Fezer*, Internationales Wirtschaftsrecht, 13. Bearbeitung（2000）Rn. 366 ff., 特に、Rn. 412 である。

（10）そのようなものとして、電子商取引のための法的大枠条件に関する法律案、Bundesratsdrucksache 136/01 v. 16.2.91, S.35f. がある。

（11）参照されるのは、*Basedow*（前注（6））1921 である。

（12）参照されるのは、*MünchKomm / Sonnenberger*（前注（9））Einl. Rn. 169 における諸事例である。

（13）一九八八年六月二二日付けの第二次損害保険指令、ABl. EG 1988 Nr. L 172/1; 一九九〇年一一月八日付けの第二次生命保険指令、ABl. EG 1990 Nr. L 330/50; 一九九二年六月一八日付けの第三次損害保険指令、ABl. EG 1992 Nr. L 228/1.

(14) 一九九〇年六月二八日付けのヨーロッパ共同体理事会保険法指令実施のための第二次法、BGBl. 1990 I 1249; 一九九四年七月二一日付けのヨーロッパ共同体理事会指令保険法指令実施のための第三次法、BGBl. 1994 I 1630.

(15) *Dörner*, Internationales Versicherungsvertragsrecht (1997) Art. 7 Rn. 2; *Basedow / Drasch*, NJW 1991, 785 (787) 参照。

(16) その例外は再保険契約である。

(17) 今日では、アルファベット順に挙げると、ベルギー、デンマーク、ドイツ、フィンランド、フランス、イギリス、ギリシャ、アイルランド、イタリア、ルクセンブルク、オランダ、オーストリア、スイス、スペイン、ポルトガルである。

(18) ヨーロッパ経済領域に関する協定、BGBl. 1993 I 2436; 1993 II 266参照。これに含まれるのは、今日では、ヨーロッパ共同体諸国(前注(17))のほか、アイスランド、ノルウェーおよびリヒテンシュタインである。

(19) *Kegel / Schurig*, Internationales Privatrecht, 8. Aufl. (2000) 595.

(20) これについては、多くのものに代えて、*Kropholler* (前注(3)), 3 II, 52 IX.

(21) BGBl. 1986 II 810.

(22) そのようなものとして、一九八五年五月二〇日付けの訪問販売指令 (1985/577/EWG) および一九八六年一二月二二日付けの消費者信用指令 (1987/102/EWG) がある。

(23) 消費者契約における濫用条項に関する一九九三年四月五日付けの指令 1993/13/EWG、ABl. EG 1993 Nr. L 95, S. 29.

(24) 不動産の時間限定利用権取得に関する契約の一定の局面に対する顧慮のもとで取得者を保護するための一九九四年一〇月二六日付けの指令 1994/47/EG、ABl. EG 1994 Nr. L 280, S. 83.

(25) 通信販売における契約締結の際の消費者保護に関する一九九七年五月二〇日付けの指令 1997/7/EG、ABl. EG 1997 Nr. L 144, S. 19.

(26) 消費財購入の一定の局面および消費財についての保証に対する指令 1999/44/EG、ABl. EG 1999 Nr. L 171, S. 12.

(27) BGBl. 2000 I 897, 1139.

(28) これについては、*Wagner*, IPRax 2000, 249 ff.; *Staudinger*, RIW 2000, 419 ff.

(29) 前注(17)参照。

(30) 前注(18)参照。

（31）*Palandt / Heldrich*, BGB, 61. Aufl.（2002）Art. 29a EGBGB Rn. 3 参照。
（32）*Palandt / Heldrich* 前注（31））Art. 29a EGBGB Rn. 3.
（33）*Palandt / Heldrich* 前注（31））Art. 29a EGBGB Rn. 3; *Roth / Schulze*, RIW 1999, 924（932）; *Freitag / Leible*, EWS 2000, 342（345）.
（34）顧客がドイツからEメールで注文していたとすれば、ドイツの消費者保護法、特に通信販売法がやはり民法施行法二九条一項によって補充的に援用されよう。
（35）民法施行法二四一条と結び付いた三一二c条一項および民法中の情報提供義務に関する規則一条一項。
（36）民法三一二d条一項一号、三五五条一項、三項。
（37）民法三五七条二項参照。事業者は消費者に対してなるほど返送費用を四〇ユーロまで契約により負担させることができる（民法三五七条二項三号）が、日本の企業がこのような合意を行っていたかどうかは疑わしい。
（38）ヨーロッパ裁判所 NJW 2001, 2007.
（39）たとえば、*Kindler*, BB 2001, 11; *Staudinger*, NJW 2001, 1974 ff.; *Freitag / Leible*, RIW 2001, 287 ff.; *Jayme*, IPRax 2001, 190 ff. 参照。
（40）一九八六年一二月一八日付けの独立商事代理人に関する加盟諸国の法規定の調整のための指令 1986/653/EWG、ABl. EG 1986 Nr. L 382, S. 17.
（41）これについては、*Staudinger*（前注（39））, 1976 ff.
（42）前注（2）の記述参照。
（43）これらはデンマークでは行われていない（ヨーロッパ共同体条約六九条）。
（44）二〇〇〇年五月二九日の規則 Nr. 1348/2000, ABl. EG 2000 Nr. L 160, S. 37. これが発効したのは二〇〇一年五月三一日である。これについては、*Heß*, NJW 2001, 15 ff. 参照。
（45）倒産手続に関する二〇〇〇年五月二九日付けの規則 Nr. 1346/2000 ABl. EG 2000 Nr. L 160, S. 1. これについては、*Eidenmüller*, IPRax 2001, 2 ff.; *P. Huber*, *ZZP* 2001, 133 ff.; *Leible / Staudinger*, KTS 2000, 533 ff.
（46）二〇〇〇年五月二九日付けの規則 Nr. 1347/2000, ABl. EG 2000 Nr. L 160, S. 19. これについては、*Hausmann*, European Legal Forum 2000/01, 345 ff.

(47) 二〇〇〇年一二月二二日付けの規則 Nr. 44/2001, ABl. EG 2001, Nr.12, S. 1.

(48) これについて包括的に注釈を加えているのは、*Kropholler*, Europäisches Zivilprozeßrecht, 7. Aufl.（2002）である。さらに、*Micklitz / Rott*, EuZW 2001, 325 ff.; 2002, 15 ff.をも参照。

(49) 二〇〇一年五月三一日付けの規則 Nr. 1206/2001, ABl. EG 2001 Nr. L 174, S. 1. これについては、*Berger*, IPRax 2001, 522 ff.

(50) *Jayme / Kohler*, IPRax 1999, 401.

(51) 参照されるのは、*Jayme / Kohler*, IPRax 2001, 501（510）のみである。

(52) 参照されるのは、*Wagner*, EuZW 1999, 709 ff. である。

(53) 相続法研究の実施のための特別研究費を取得したのは国際的なコンソーシアムである。これにはヴュルツブルクのドイツ公証制度研究所、パリ大学のポール・ラガルド教授および筆者が参加している。

第五章　インターネットにおける法律行為論(*)

渡辺　達徳　訳

目次

一　はじめに

1　意思表示と法律行為

意思表示及び法律行為は、ドイツ（そして、――私見が正しければ――日本の）[1]私法における中心的概念である。この二つの概念は、一八世紀及び一九世紀のパンデクテン法学において発展をみたものであり、その今日的意義をとりわけサヴィニーによって獲得するに至った。[2]この二つの概念は、行為を説明するものであって、それを道具立てとして、個人は、私的自治の世界において私法上の関係を形成するのである。[3]同時代におけるドイツの教義は、意思表示というものを、直接に法的効果の実現に向けられた私法上の意思の表明であると理解している。すなわち、意思表示は、それが意欲されたとおりに表示されるからこそ、法的効果を実現するのである。[4]法律行為は、少なくとも一個の意思表示から成る（そして最終的に発せられた）要件であって、法秩序がこれを法的効果と結び付けているものである。法律行為は、一つの意思表示だけで尽くされていることもあり、また、――とりわけ契約におけるように――多数の意思表示から構成され、又は表示行為と並んでその他の要件要素（例えば物の引渡し若しくは一定の方式の遵守）を前提とすることもある。[5]

2　インターネットにおける意思表示

インターネットは、標準化された手続を基礎として相互に情報交換を行うコンピュータ・ネットワークの結合体である。このコミュニケーションテクノロジーは、われわれすべてが知っているとおり、最近の一〇年間において急速な飛躍を遂げた（そして、日本の研究者のヨーロッパ訪問及びヨーロッパの学者の日本訪問に際しての事前連絡を著しく容易にした）。

様々なインターネット・サービスのうち、法律行為を取り結ぶために適しているのは、とりわけ電子郵便（Eメール）と「ＷＷＷ」（World Wide Web）である。後者は、各方面から相互に結び付けられ、対話を可能にするそれぞれ固有のアドレスを持つ電子的文書の集合体（「ウェブサイト」）であり、例えば、ある電算機利用者が、他の利用者に示した注文書を呼び出し、記入し、かつ返信することを可能にするものである。

3　問題の提起

かくして、きわめて興味を惹かれる問題は、口頭で発せられ――場合によっては書面上に起草され――、郵便馬車により運送されていた意思表示について、その時代に由来する法律概念及び利益の評価が、二一世紀初頭における電子的法律行為取引にとっても有用なのか、又は次のとおり別様に問われるべきなのか、である。すなわち、電子取引と、二〇〇〇年の時を経た法的道具立てとの間に存在する利害の衝突は、克服されるであろうか、という問題である。

講演者は、以下において次のような三つの観点を手がかりとして、この問題を検討したい。詳しくいえば、まず、意思表示に基づく帰責一般を(二)、次いで、民法（BGB）の錯誤規定を(三)、そして最後に、意思表示の到達に関する理論を(四)取り扱うものである。

二　電子的意思表示の帰責

1　意思表示の主観的要素

瑕疵なき意思表示は、表示において欠点なく形成された表意者の意思が表明された場合に限り存在する。意思の内容いる。

——すなわち意思表示の主観要件——に目を向けると、文献においては、通例、行為意思（Handlungswille）、表示意思（Erklärungswille）及び効果意思（Geschäftswille）が区別される。[6] ここに掲げた概念すべてが、帰責の問題を特徴付けている。

表示が行為意思により支えられていないときは（これに該当するのは、反射運動、肉体的強制（vis absoluta）、催眠下の行為などの場合である）、すでに意思表示の要件を欠いている。したがって、解釈上、当該「表示」に表示としての価値がある場合であっても、当該「表示」は本人に帰責されない。

表示意思において重要なのは、意識を有する人が法律行為上の表示を発することである。有効な意思表示がこうした表示意識（Erklärungsbewußtsein）を要件とするか否かについては、何十年にもわたって争われていた。連邦通常裁判所（Bundesgerichtshof = BGH）は、一九八四年の一判決により、この争いに終止符を打った。連邦通常裁判所は、この問題について次のような立場に立ったのである。すなわち、表示意識が欠けている場合であっても、表意者が、取引通念上の注意を払うことによって、自己の（明示的又は推断可能な）表示が、信義則上、取引慣行（民法一五七条）を顧慮して意思表示として解釈されるべきこと、及び意思表示の受領者が当該表示を同様に理解したことを認識し、かつ、これを回避することができたときは、（標準的に帰責されるべき）意思表示が存在すると。[7] この問題に関する教室的設例は、有名な「トーリアのワイン競売の事例」である。[8] すなわち、ワイン競売に参加した一人が、友人に手を挙げて挨拶した。古くからの習慣によれば、競売人は、これを増価の申込みとしなければならない。挙手した者が落札したとしよう。この者は、支払わなければならないか。連邦通常裁判所の基準によれば、この当事者は、事実上、法律行為上の義務を負うものの、民法一一九条一項後段を類推して、取消しにより自己の債務負担を免れることができる。ただし、この当事者は、契約相手方に対して、信頼利益を賠償しなければならない（民法一二二条）。

効果意思が最終的に決定するのは、どのような具体的法律効果を表意者が実現しようと望んでいたかである（例：売買の申込みの発信であって、贈与の申込みの発信ではないこと）。表示と効果意思との間に食い違いがある場合——意思表示の受領者が、売買の申込みを意味する表示を、贈与契約の締結に向けた申込みとみなしたような場合——には、意思表示は存在するが、それは結局一一九条一項前段、一二二条により取り消すことができる。

2　電子的表示の発信における意思の要素

意思の表明は、特定の伝達方式と結び付いているわけではない。したがって、結論的には、意思表示及び法律行為が電子的手段によっても行われ、その結果、契約がインターネットにおいても締結可能であることについては、何の疑いもない。(9)

（1）　個々の電子的意思表示

このことは、まず、個々の電子的表示（individuelle elektronische Erkläungen）についてあてはまる。すなわち、表意者が自己のコンピュータを使って作成し、受信者に向けた送信指示をクリックすることにより作動させるものである。人がEメールにより売買の申込みを発信し、又は商品提供者のホームページ上の注文画面に記入する場合には、この表示は、通常、疑いなく表意者の（行為及び表示）意思と理解され、かつ、表示意識を伴うものとして行われる。したがって、そこでは直ちに人の意思表示にかかわる問題となるのであって、ただ、その伝達の種類と方法という点で、他の表示から区別されるだけである。

（2）　自動的意思表示

自動的意思表示（automatisierten Willenserklärung）が論じられるのは、コンピュータ利用者が一定のデータを予め入力しておいたコンピュータ・プログラム・ルーティーンに基づいて、表示が準備される場合である。[10] これに該当する例は、顧客データの入力に基づいて保険証書が作成され、また、負担されるべき保険料がコンピュータにより算定されるといったものである。[11] こうした場合には、確かにプログラムそれ自体が表示の内容を決定している。しかし、表示を取引に置くか否かは、コンピュータ装置を操作する人の手に委ねられている。こうした場合においても、最終的に問題となるのが、人による行為意思、表示意思及び効果意思に支えられた表示であることについては、何の疑いもない。

（3）　コンピュータ表示

これに対して、ドイツの文献上、いわゆるコンピュータ表示（Computererklärungen）が幾つかの議論をもたらしてきた。コンピュータ表示は、表示がコンピュータにより現実の人の関与なしに行われるところに特徴がある。コンピュータが、そのプログラムの範囲内において異なるオプションの間で選択を行い、かつ、表示の発信及び内容に関する判断を独力で行うのである。そして、この表示については、自動的に、かつ、人の助力なしに、電子的手段によって名宛人に伝達される。実務上は、例えば倉庫管理プログラムがこれに該当する。そこでは、計算機が在庫状況をルーティンワークとしてチェックし、一定の最低量を下回れば自動的に補充注文を行う。又は、次のような例もある。顧客の電子的注文を受けて、インターネットによる提供者の側において、注文された商品が在庫しているか、また、当該顧客がこれまで常に支払いを行ってきたかを、コンピュータが調査する。そして、それに基づいて、プログラムが契約締結を認めるのである。[12] こうしたことからは、一面においてはコンピュータが商品を注文し、また、他面においては委任を独立して遂行しているという二つの可能性の組み合わせを思い浮かべることもできるであろう。こうした事例においては、一見したところ、人の表示行為は何ら存在しない。すなわち、発せられた表示は、現実の行為意思、表示意思及び効果意思に支えられているわけではないのである。[13] そのために、こうした場合において意思表示の帰責を行うことはできな

い、という帰結が導かれることもある。(14)

通説は、正当にもこれと異なる立場に立っている。それでもなお、データ処理装置を操作する人にコンピュータの表示について帰責することを可能にするためには、文献上、さまざまな解決へのアプローチが議論されている。一部では、データ処理装置による表出も、そのプログラミングに、つまりいずれにせよ「最終的には」人の意思に還元されることを指摘することをもって満足している。(15) この見解によれば、意思表示は、コンピュータを使用するという決定がなされた時点まで遡及的に移行させられることになる。これと別の見解は、白地による表示（Blanketterklärung）という現象に着目を促し、この場合、たとえ本人が実際の表示内容を知らなかったとしても、表示は当該本人に帰責されるとする。(16) 第三の見解は、「具体的な」法律効果意思が欠如する場合においては「一般的な表示意思」をもって足りるものとしようとし、こうした意思はデータ処理装置を操作することをもって外部に示されるという。(17) アメリカからは、「電子的代理人」（electronic agent）(18) という独創的なコンピュータの観念が移入され、この観念に基づいて、代理法の諸規定を（類推）適用することが可能となっている。

私見によれば、相互に連絡するコンピュータであっても、最終的には、その都度において装置を操作する人の行為意思に基づいてのみ、相互の表示をやりとりすることについては、異論をみない。そのほか、文献上行われていた争いは、連邦通常裁判所による有名な、そしてすでに講演者によっても言及された一九八四年の次のような裁判により、終結したというべきであろう。すなわち、意思表示の帰責にとって、そもそも表示意識は必要でないということである。自己の表示が意思表示として理解されることを、人が取引通念上の注意を払うことによって認識し、かつ、これを回避できることで足りるとすれば、「コンピュータ表示」の発信においても、意思表示の要件は存在する。なぜなら、データ処理装置を操作する人は、自己の計算機により発信される情報が意思表示として理解されることをはっきり知っているにとどまらず、これに先立って計算機をプログラミングすることにより、このことをまさしく意図しているのだから。したがって、――比較的新しい連邦通常裁判所の判例を拠り所として――コンピュータ表示も、真正の意思表示としてコンピュータ装置を操作する人に帰責されることについては、そもそも何の疑問もないのである。

三　インターネットにおける意思の瑕疵

1　錯誤論の概要(民法一一九条以下)

私人により行われた法律行為は、法秩序がその中に示された表意者の意思を尊重するゆえにこそ、法的効果を生じさせる(前述一―1を参照)。そのことから、論理必然的に次のような問題が生じる。すなわち、ある人の意思及び表象が、とりわけ表示がなされた際に錯誤があったと認められるゆえに適切な表明ではない場合であっても、法律効果を持つべきか、ということである。民法は、一一九条から一二四条までにおいて、こうした錯誤の問題について定めているが、これもまた、その相当部分がサヴィニーの錯誤論にまで遡るものである。(19)

民法一一九条一項は、客観的表示がその基礎とされた表意者の意思と(無意識に)食い違うときは、意思表示の取消し、すなわち事後的かつ遡及的除去(民法一四二条一項)を認めている。これに該当するものとして、表意者が、自己の表示の内容について錯誤していた場合(民法一一九条一項前段)、又は自己が欲したのと異なる表示をした場合(民法一一九条一項後段)がある。前者の類型は、内容の錯誤と呼ばれる。すなわち、表意者は、その表出に、自己が実際に有していたのと異なる意味を付与している。この表意者は、自己が述べたことを意図していないのである。その理由としては、例えば、その表意者が、外国語に由来したあることばや、専門用語から出たある用語をよく理解せず、客観的にみて妥当でない意味で使ったといったことがある。後者の事例は、表示の錯誤と呼ばれる。すなわち、表意者は、そもそも自己が表示したことを表示するつもりがなかった。その表意者は、表示を行う際に、言い間違い、書き間違い、し間違い又は読み間違いをしたのである。この表示の錯誤の下位事例として、民法一二〇条は、伝達のために介在した人(使者)又は設備(郵便、電話通信)により表示が誤って伝達される場合を扱っている。法律は、以上すべての場合において表示の遡及的除去を認めている。なぜなら、私的自治に基づく法律関係の形成は、表意者の現実的意思が歪められることなく有効になるのを前提としているからである。

これに対して、現実に関する誤った表象を持つ人が、意思表示を行うに際してこの錯誤に左右された場合には、原則として取消しを認められるわけではない。こうした現実的状況に関する錯誤は表意者の危険領域にあり――すなわち、表意者は自らが表示を行う前に、事実がどのようであるかを確認するはずである――、また、こうした錯誤は法律上原則として顧慮しないものとされている。例外的にのみ、こうした「動機の錯誤」は取消しを認められる。すなわち、一方では動機の錯誤が詐欺により引き起こされた場合であり(民法一二三条一項)、他方では表意者が性状又は人について誤った表象を持ち、それが契約において取引上重要であるとの見解の一致をみており、又は取引上この種の行為において本質的と認められる場合である(民法一一九条二項:「重大な動機の錯誤」)。

2　電子的表示の発信における意思の瑕疵

右のような規定を電子的意思表示の発信に置き換えるならば、表示の瑕疵がどのような原因によるのかが、慎重に区別されなければならない。

（1）入力上の欠陥

恐らく最も頻繁に生じるのは、入力上の欠陥である。すなわち、コンピュータ使用者が、キーボード操作をするにあたり急いで、又はうっかりして、自己が本来意図していたのと異なる入力をしてしまうことである。こうしたことは、個々の電子メール通信の領域において起こり得るだけではない。例えば、使用者が誤って売買代金を五三として申込みを行ったが、本来は三五と申し込むつもりであったといったことである（「数字の入れ替わり」）。また、入力上の欠陥は、電子取引においても、WWWの「ヴァーチャル・デパート」に参加する際、顧客が商品提供者のホームページ上で、間違ったところを「クリックしたり」、間違った指示を入力したりするときには、起こり得ることである。すなわち、この顧客は、商品提供者のホームページ上で、例えば、誤って本来購入しようとしたのとは異なる商品に購入のマークをしてしまうのである。

こうした場合、コンピュータ使用者は、自己が本来欲したのとは異なることを表示している。すなわち、この者は、民法一一九条一項の意味における表示の錯誤に服する。[20]その結果、この者には取消権が認められる。もっとも、この表意者は、契約の相手方に対して、民法一二二条に基づき、表示が有効であると信頼したことによりこの相手方が被った全損害を賠償しなければならない。

これと異なった問題性があるのは、コンピュータ使用者がキーボードを打ち、又は「マウスクリックすること」により意思表示を発信していることに、そもそも自分自身で気付いていない場合である。例えば、こうした者は、インターネット提供者のホームページを閉じるつもりが、誤って売買申込みを通告してしまうことがある。又は、コンピュータ使用者が電子メールで法律行為上の表示を準備していたものの未だ発信するつもりはなかったところ、誤って「送信」の指示をしてしまう場合である。こうした状況においては、表意者は表示の意識を欠いている。確かに――前述（二1以下）のとおり――連邦通常裁判所の判例によれば[21]、こうした表示に対する帰責について何ら異なることはない。すなわち、それにもかかわらず電子的表示は標準的意味において帰責される。なぜなら、自己の電子的メッセージが意思表示として解釈されるであろうことは表意者にとって明らかといわなければならず、また、表意者はキーボードを注意深く取り扱うことによってこうした外観を回避することができたであろうためである[22]。もっとも、こうした場合においても、通説は民法一一九条一項前段を類推して取消しを認めている[23]。ここでもまた、取消しを行った者は、信頼利益を賠償する義務を負う結果となる。

この種の入力上の欠陥を可能な限り排除するために、新たに二〇〇二年一月一日に施行され、二〇〇〇年六月八日のヨーロッパ電子取引指令[24]に由来する民法三一二e条一項一号は、次のとおり定めている。すなわち、電子取引に従事する事業者は、顧客に対して、「相当な、有効かつ利用しやすい技術手段を使わせ」、その手段によって、注文を発する前に入力上の欠陥を認識し、これを訂正することができるようにしなければならない、ということである。すなわち重要なことは、例えば、事業者が顧客に対して、最終的な送信の前に注文の内容をもう一度表示し、かつ、訂正を行う可能性を顧客に与えることである。こうした訂正の可能性が付与されることについて、事業者は、顧客に対して、注文の前に明確かつ平易に通知しなければならない（三一二e条一項一文二号及び情報提供義務に関する命令三条三号[25]）。

（2）　伝達上の欠陥

電子的表示が発信から到達までの間に――メッセージが、例えばネット障害又はウィルス攻撃により、不完全なかたちで、又は破損した状態で目的の計算機に到達したといった理由により――改変された場合には、その表示は、受信者の観点から理解されなければならないとおりの効力を持つ。もはや受信者が――内容的に改変を受けて到達した――申込みを承諾した場合には、その契約は、受領者に到達したとおりの内容を持つものとして成立する。すなわち、伝達上の欠陥の危険は発信者が負担する。

しかしながら、発信者が民法一二〇条により自己の表示をやはり除去することができるか、すなわち、伝達上の欠陥において、表示の錯誤と同じく取消しを認められるか否かが、問題である。[26] この規定は、先ごろ改正された。[27] 現在、この規定においては、（郵便又は電話の）「設備」（Anstalt）による伝達だけでなく、「機械設備」（Einrichtung）による伝達にも言及されている。こうした適用範囲の拡大は、「変化を遂げた実生活」（geänderte Lebenswirklichkeit）[28] に規定を適合させるとともに、直接の電子的表示は私的サービス提供者（「プロバイダー」）により転送されるが、プロバイダーは電子的表示の転送にいっさい介入するものでなく、ネットを利用させるにすぎないという状況を考慮したものである。すなわち、この規定は、故障がプロバイダーのサーバー内に発生する場合だけでなく、ネット上の障害により表示が不正確に伝達される場合にも介入する。したがって、こうした場合において、電子的意思表示の発信者は、改変されて到達した表示を取り消すことができるものの、その名宛人の側における信頼損害を賠償しなければならない（民法一二二条）。

（3）　ソフトウェアの欠陥

電子的手段により発信された表示が表意者の意思と合致しないことは、第三に、使われたソフトウェアの欠陥に基づく可能性がある。[29] その例として考えられるのは、事業者により電子取引に使われたプログラムが、当該商品がもはや在庫しないにもかかわらず、プログラム上の欠陥が原因となって、電子的応答により供給を承諾するよう返信するとか、ある顧客が遅滞債務者としていわゆる「ブラックリスト」に載っているにもかかわらず、その顧客に供給を承諾する返信をし、かつ、商品を供給してしまう、といったことである。[30]

こうした事例においては、欠陥が意思表示そのものにあるわけではない。コンピュータが発信したとおりの表示が、計算機を操作する人に帰責される。計算機を操作する人は、やはり、コンピュータにより具体的ケースにおいて発信された表示が、自分にとって有効となるべきことを望んでいる。もっとも、計算機を操作する人は、自己により利用されたソフトウェアの品質について錯誤している。なぜなら、この人は、ソフトウェアがそれを操作する人自身の利益に合致した応答をするよう指示することを前提としているゆえである。もっとも、ここで問題となっているのは現実的状況に関する誤った表象ではあるが、それは、計算機を操作する人が自己により使用されるプログラムを点検することにより回避することができたであろうものである。したがって、計算機を操作する人は動機の錯誤に服する。なぜなら、この人は、ソフトウェアに欠陥なくコンピュータが意思表示を発信するよう信じていたからである。しかし、こうした錯誤は詐欺により引き起こされたわけではない（民法一二三条一項参照）。せいぜい、物の性質に関する錯誤（ソフトウェアに欠陥がないこと）が問題となり得るにとどまる。しかし、こうした性質は、電子取引行為における取引観念に照らして、取引上本質的とみなされるわけではない。なぜなら、欠陥を帯びたソフトウェアを使用する危険は、使用者自身に帰せられなければならないからである。したがって、結論的にいえば、この場合における錯誤取消しは認められない[31]。

ここで示された考察によれば、次のような中間的帰結を記憶に留めておくことが可能である。すなわち、ＢＧＢの錯誤規定は、そのまま電子的意思表示の発信においても「機能する」、ということである。

四　電子的意思表示の到達

1　具現化した意思表示の到達

講演者が扱おうとする第三の観点は、民法の到達規定である。到達規定は、危険分配規定である。これら規定は、法的主体二者間における伝達の危険を誰が負担するかに関するものである。広く認められた見解によれば、ドイツ法上、具現化した（受領を必要とする）意思表示は（いわゆる「到達理論」（Empfangstheorie）により）[32]、第一に、それが受領者の支配領域に到達したときに、そして第二に、取引慣行に照らして、通常の事情の下でそれを閲覧可能であり、かつ、閲覧を期待することもできるときに、効力を生じる（そして、それと同時に撤回できなくなる）[33]。これに対して、受領者により実際に閲覧されることは要件とされない。すなわち、受領者は、自己の支配領域にある表示を知らないからといって、到達の時点を操作することはできない。

一見して直ちに問うことができるのは、このように具現化した意思表示についてあてはまる基準が、電子的意思表示の到達についても妥当すべきか、ということである。なぜなら、電子的表示は、具現化することなく電子的パルスとして発信され、かつ、保存された状態で存在するのであって、中間計算機における「中間的具現」をひとまずさておいて、発信計算機及び到達計算機においてのみ具現化するものである。しかし、到達危険の分配を決定するのは、技術的可能性でなく利益評価である。すなわち、意思表示を発信した者は、自己がその表示を受領者に再現可能なかたちで入手させた場合、したがって伝達過程とは無関係に認識することが可能な場合には、その意思表示が受領者に了知されることを要するのでなく、「受領」のみをもって満足するべきである[34]。もっとも、厳密にいえば、それは電子的表示の送信において生じることである。受信者は、何時であれその表示を呼び出すことができるのである。送信者は閲覧時点の影響を受けることはない。したがって、WWW又は電子メールにおける意思表示が了知をもって初めて効力を生じさせるというのは、著しく利益を害することであろう。それは、ドイツ法上、（対話者間での）具現化されない表示に関する通説[35]により認められているのと同様である。

電子的意思表示が受信者の支配領域へと到達するのは、その意思表示が受信者にとって呼出し可能なかたちで保存されたときであり、それが受信者自身のデータ処理装置の中であろうと、受信者が「メールサーバー」の許で管理している「電子ポスト」の中であろうと問わない[36]。取引観念に照らして、何時、受信者による閲覧を期待することができるかは、伝達の種類及び方法、並びに一定の媒体によるどのような交渉が社会において通常といえるかによる。

2　電子的文書交換への参加

まず明らかになる基本的問題は、電子メールアドレスが存在することから――郵便の宛先と同じように――、アドレス保有者がインターネットを、法律行為上、同等の伝達手段として利用させ、かつ、アドレスによって一定の応答の反復を受けようとしていると結論付けることができるか否かである。

電子的文書交換への参加は、比較的費用を要する技術的インフラストラクチュア（固有の計算機）の設置及び維持、又はいずれにせよ郵便のやりとりと比べれば高度の組織立った作業（サーバーに保存された電子メールを他の計算機から呼び出すこと）を前提とする。こうした文書交換への参加は、受信者にもコストを負担させる。転送過程それ自体は、特段デリケートなものでも、また、格別に改変の恐れのあるものでもない。そして、普及が進んでいるにもかかわらず、法律行為における媒体の利用は、いずれにせよ今日のドイツにおいては、職業、収入、所属する階層、及びとりわけ年齢に左右されるところが依然として大きい。

こうした状況に照らすと、電子メールの利用は、取引観念上、今日のドイツにおいて一般的な、すべての人からすべての人に対してア・プリオリに利用されている法律行為上のコミュニケーションの種類であるとみなすことまではできない。その結果いえるのは、インターネットを法律行為上の取引に利用することは、その都度の利用者によりこのコミュニケーション手段が、少なくとも推断できるかたちで「公開されること」（Freigabe）を要件とする、ということである[37]。

事業者（民法一四条一項を参照）の場合には、迅速かつ電子的に再処理される情報交換というこの種の利益が、もとより推定されなければならない。したがって、「公開」とは、事業者が電子メールアドレス又はウェブサイトを何らかの方法で世間に表明すること（宣伝広告、便せん、検索機器）であると理解されるべきである。[38] 事業者がインターネットを排除して従来どおりの方法によりコミュニケーションを行うことに限定しようとするときは、その事業者は、具体的な取引相手方に対して、その旨を特別に明らかにしなければならないといえよう（「オプト・アウト」）。

これに対して、消費者（民法一三条を参照）の場合には、電子メールアドレスがあるからといって直ちに、この消費者が個人的使用を超えたすべてのコミュニケーションの相手方に対して、法律行為上の表示についてもこれを利用させ、それと結び付いた応答義務に服そうとしていることを意味すると推定することはできない。[39] むしろ消費者は、具体的な取引相手方に対して、自分がインターネットによってもコミュニケーションを行おうとすることを明らかにしなければならない（「オプト・イン」）。[40] その方法としては、例えば、その消費者が法律行為上の接触それ自体を電子的手段により開始する、といったことがある。こうした「公開」がない場合には、それにもかかわらずインターネットにより伝達された意思表示は、その受信者が意思表示に事実上気付いたときに初めて到達する。

事業者たる使用者と消費者たる使用者の間のこうした差異は、到達時点の決定へも連なる。消費者が自己の電子ポストを法律行為取引のために公開した場合には、届けられたメールを探すためにポストを日常的にもチェックしなければならない。取引観念上は、恐らく——郵便ポストの場合と同様に——一日に一度のメールチェックが期待されるであろう。これは日常的には夕方、終業後の時間においてコンピュータが起動された時である。

文献上主張されている見解によれば、営業時間内に目的たる計算機に保存される電子的意思表示は、すでに保存の時点において事業者に到達しているのが当然である。[41] もっとも、事業上の使用においても、計算機は、通常、インターネット・コミュニケーションを目的としてのみ設置されるわけではない。したがって、その都度における使用者が、恒常的にメール着信をチェックしたり、――音声信号を受けた場合――届いた通信を呼び出すためにのみ、直ちに他の業務遂行を中断したりすることが期待されるべきではない。そのことをさておくとしても、さらに考慮しておかなければならないのは、受信者が常に自己の業務場所に滞在しているとは限らないことである。したがって、取引観念上せいぜい期待され得るのは、事業者たる使用者は、自己の電子ポストへの着信を一日二回――就業日の始業及び終業時――にチェックすることである。したがって、すべての表示は、取引時間の終了間際に保存されるのでない限り、それが発信された日のうちに到達する。

3　コミュニケーションリスクの分配

計算機ネットを通じた情報伝達は、民法立法者がさしあたり想定していた比較的堅固な、人間による郵便システムと比べて幾分か妨害を受けやすい。そのために、裁判所は、恐らく将来的には頻繁にコミュニケーションリスクの問題と関わらざるを得ないことになろう。到達の定義によれば、発信者及び受信者は、その都度における自己の固有の影響領域における滅失及び毀損の危険を負担する。発信者は、それに加えて――自己が伝達方法を選択することができたのであるから――、名宛人の受信装置の中に表示が保存されるに至るまでの伝達上の危険をも負担する。こうしたことから、危険の負担に関する五つの段階ないし事例類型が明らかになる。

（1）　ネット上の滅失

電子的メッセージがすでにネット上で滅失し、又はそれが途中で妨害されれば、そのメッセージは到達し得ない。この滅失は、発信者の伝達上の危険に属する。[42]

（2）　保存の失敗

電子的意思表示は確かに目的の計算機へと到達したものの、電子ポストの中に保存され得ないことが、例えば、ネットの障害若しくはシステムのクラッシュによって、又はフィルターが意思表示を遮断することによって起こる。この場合の解決については争いがある。通説によれば、表示は不到達である。[43] これに対して、より新しい見解[44]は、現代的コミュニケーション手段が妨害を受けやすいことを考慮し、伝達上の危険を、より厳格に影響領域に基づき分配しようとする。この見解によると、通常の状況において受信者の「受入領域」（Aufnahmebereich）内における「保存可能性」が存在すれば、電子的表示の到達が肯定される。とりわけ、受信者の装置が正常に機能することの危険は名宛人の危険領域に属するのであって、したがって、その名宛人により負担されなければならない。[45] それ故に、発信者による重要なニュアンスに関する伝達上の危険は、受信者の負担に帰することとされる。

しかし、こうした新見解は、目下のところ、きめ細かさに欠けるように思われる。目的となる計算機の障害すべてが受信者の危険領域に属するわけではない。外部的原因――停電、ウィルス攻撃――は、コミュニケーション媒体そのものの危険に属し、したがって、発信者による伝達危険の領域と考えられるべきであろう。

これに対して、原則として、いかなる者であっても特定の受信装置を維持し続ける義務を負うものではない。名宛人と法律行為上の最初のコンタクトを試みる者は、その際、別の方法を採らなければならない。すなわち、特定の受信装置を維持する義務は、せいぜいのところ、存在する契約又はすでに開始された契約交渉の範囲内で認められるだけである。もっとも、この場合において、通説[46]はいっそう柔軟性に富んだ結論を認めている。確かに通説は、表示の到達を否定するものの、保存の失敗すなわち不到達について名宛人に帰責事由があり、又は名宛人が意図的に保存を妨害していた場合には、信義則（民法二四二条）を根拠として、到達の否定を援用することを認めないのである。

さて、そこで一つの教室事例を挙げよう。受信者が、自己の「電子ポスト」を開かなかった。したがって、保存は完全であるが、新たな電子メールは受け取られていない。このとき受信者に過失があって、発信者が信義則を援用することができれば、表示はあたかも名宛人に適時に到達したのと同じ扱いを受ける。[47] このことは、当然ながら、受信者が自己の電子ポストを意図的に開かず、そうすることによって電子メールの到達を挫折させようとしていたときに初めて妥当する。

（3）通常の閲覧時点前における電算機上の滅失

法状況に同じく疑義があるのは、受信者の受信装置の中にすでに保存された情報が（例えば、その後に生じたコンピュータの故障によって）、事物の通常の経過により閲覧を期待され得る時点の前に、新たに消滅する場合である。この状況は、電子前の時代における次のような周知の例に相当する。すなわち、夕刻に家の郵便ポストに投函された手紙が、それが閲覧可能となる前に、何者かが夜中に悪ふざけで郵便ポストに花火を投げ込んだために、翌朝、焼失していたといった場合である。[48] 発信者が「本来的に」（eigentlich）表示を了知するまでの危険を負担し、[49] かつ、到達理論（前述三1を参照）の援用は、単に、受信者が自己に可能となった了知まで到達をも遅らせることを防ぐべきものにすぎないことを前提とするならば、その表示は到達していないことになる。[50] しかし、妥当と思われるのは、受信者に支配される影響領域に保存された後に生じた障害に基づく危険は、名宛人の負担に帰せられることである。したがって、この場合において電子的表示の到達を肯定するほうが正しいものといえる。[51]

（4）呼出しの失敗

第四の事例類型は、次のような特徴を持つ。すなわち、表示が名宛人の計算機に保存され、かつ、保存されたままの状態ではあったものの、技術的欠陥により、通常の閲覧時点において呼出しができなかったというものである。例えば、情報が受信者のメール・サーバーに存在するものの、同人のコンピュータが故障してサーバーから呼び出せない場合である。又は、情報が受信者の計算機内に存在しても、ある障害により、受像画面に現われもしなければ印刷もできないという場合である。それにもかかわらず、こうした場合、発信者は取引上の解釈に照らして閲覧されたものとみなすことができる。なぜなら、受信者は、自己の支配領域に到達した表示を了知するために、適切な措置を講じなければならないからである。この技術的障害は、名宛人の危険領域にある。その結果、表示は到達が認められる。このとき受信者は、直ちに他の計算機を用いて自己のメール・サーバーから呼出しを行い、又は代わりの装置を得るよう努力しなければならない。この法状況は、手紙の受領者が自己の郵便ポストのカギを置き忘れたり、歪めて使えなくしてしまったのと異ならないのである。

（5）　通常の閲覧時点後における電算機上の滅失

一方また、最後の事例類型の取扱いについては問題がないように思われる。すなわち、電子的意思表示が受信者の計算機内に保存され、かつ、その意思表示が期待されるべき閲覧時点、又はその後において、それが読まれないまま、例えばクラッシュ、ウィルス被害――最も頻繁に起こる障害！――により、又は受信者若しくは第三者が情報をうっかりして消去したために、電子的冥界（elektronische Orkus）の中に消え失せてしまった場合には、疑いの余地なく到達が認められるべきである。(52)すなわち、意思表示は効力を生じる。

4　互換上及びアップデート上の危険

この関連において特別な問題を示すのは、互換上及びアップデート上の危険である。すなわち、受信者の技術的設備が発信者のそれと互換性を持たないために、特に、受信者が必要な最新ソフトウェア・ヴァージョンを持たないために、その受信者が情報を受け取らず、又は文字及び数字のかたちとして読めない状態でのみ受け取る場合である。このとき発信者の表示が到達しているか否かについては、統一的に答えられるわけではない。

ある見解によれば、「到達」とは内容の閲覧が期待可能であることを前提とし、したがって、読解不可能な、又は互換可能性に問題のある表示は到達しないものとされる。[53] これと逆の見解は、受信者が事業者であるときは、「市場において普及した技術」を利用すること、したがって対応する読取装置を準備して持っていることを要するという視点に立つ。[54] 後者の見解は、消費者も自己の技術的水準を常に最新の状態に保たなければならないことを意味するであろう。

これに対して、妥当と思われるのは、到達説の一般的諸規定から生じるきめ細かい解決である。受信者が利用できる技術的設備によったのでは情報を読むことのできる符号として受像画面上に提供したり、印刷したりすることができない場合であっても、表示は、まずは受信者の計算機に保存され、したがって、その受信者の支配領域に到達しているというべきである。このとき、表示の有効性は、――ほかの場合と同じく――受信者にとって、通常の事態に基づく取引観念に照らして閲覧が可能か否か――例えば、受信者が自己の計算機をそのために必要とされる標準にアップグレードすることによって――により判断される。事業者たる使用者に対しては、事実上、自己の受信設備を取引慣行上の標準に準備しておくよう期待することができる。したがって、標準を下回る設備の場合、呼出しができず、又は互換性を欠く表示は、直ちに受信者に到達するべきである。これに対して、消費者たる使用者が、まさにインターネット分野における急速な技術的変化に直面して、自己のハードウェア及びソフトウェアを事後的にグレードアップするための日常的な資金を調達することは、期待するべきでない。したがって、取引観念に照らして、消費者の場合には直ちに閲覧を予測することができるわけではない。送信者は標準を下回る設備をも覚悟し、それに合わせて準備を整えなければならない。それゆえに、消費者に向けられた表示は、システムが互換性を欠く場合には到達したとされるべきでない。

もっとも、ある特定の発信者が可読性のない情報又は互換性を欠く情報を伝達しようとしているという認識を、消費者が得ている場合には、信義則上、その消費者が発信者に対して、その試みが奏効しなかったことを知らせるよう期待することができるであろう。消費者がこれを怠ったときは、その消費者は、事業者に生じるであろう損害を契約締結上の過失により賠償する責めを負う（民法二八〇条一項、二四一条二項）。

五　結　語

表示の帰責、錯誤の問題及び到達に関してここに述べた考察が示したことは、次のとおりである。すなわち、伝統的な意思表示及び法律行為の理論は、インターネット・コミュニケーションの場合に生じる利益対立を妥当なかたちで克服するために、そのままで相応しい。したがって、電子的取引行為の要請に民法を適合させることは、いずれにせよここで考察された範囲では必要ないのである。

（＊）　本章は、二〇〇二年四月四日に日本比較法研究所スタッフ・セミナーにおいて、Rechtsgeschäftslehre im Internet と題して行われた講演の翻訳である。
（1）　*Igarashi*, Einführung in das Japanische Recht（1990）63 ff., 66 ff.
（2）　*Savigy*, System des heutigen Römischen Rechts, Bd. III（1840）§114参照。このことについては、*Flume*, Allgemeiner Teil des Bürgerlichen Rechts, Bd. II, 4. Aufl.（1992）28 ff.
（3）　*Flume*（前注（2））23 ff. を参照。
（4）　BGHZ 145, 343（346）; *Handkomentar-BGB / Dörner*, 2. Aufl.（2002）Vorbemerkung zu §§104–185 Rn. 1.

(5) *Handkommentar-BGB* / Dörner（前注（4））a.a.O. Rn. 1.

(6) さしあたり、*Flume*（前注（2））46 ff. を参照。

(7) BGHZ 91, 324（330）; 109, 171（177）を参照。

(8) *Isay*, Die Willenserklärung im Tatbestand des Rechtsgeschäfts（1899）S. 25 による。

(9) 以下の三分類については、たとえば、*Kuhn*, Rechtshandlungen mittels EDV und Telekommunikation（1991）54 ff.; *Mehrings*, in: Hoeren / Sieber, Handbuch Multimedia-Recht, Loseblattausgabe（1998 ff.）, 13.1. Rn. 25 ff. を参照。

(10) このことについては、*Köhler*, AcP 182（192）126（132 ff.）.

(11) *Mehrings*（前注（9））Rn. 26 を参照。

(12) *Kuhn*（前注（9））56 を参照。

(13) *Kuhn*（前注（9））57 を参照。

(14) *Clemens*, NJW 1985, 2001 f.; *Möschel*, AcP 186（1986）193 ff.（195）を参照。

(15) *Medicus*, Allgemeiner Teil des BGB, 7. Aufl.（1997）Rn. 256.

(16) *Köhler*（前注（10））134.

(17) *Kuhn*（前注（9））70 ff.; なお、*Taupitz / Kritter*, JuS 1999, 839 f.; *Kilian*, in: Weyers（Hrsg.）Electronic Commerce-Der Abschluß von Verträgen im Internet（2001）9（18）も参照。

(18) *Nimmer*, in: Weyers（前注（17））37（44ff.）を参照。ドイツ法の観点から、このことについては、すでに *Kuhn*（前注（9））56.

(19) *MünchKomm / Kramer*, BGB, Allgemeiner Teil. 4. Aufl.（2001）§119 Rn. 2; *Flume*（前注（2））440 ff.

(20) OLG Hamm NJW 93, 2321 を参照。さらに、*Medicus*（前注（15））Rn. 256; *Mehrings*（前注（9））13.1 Rn. 96 ff. 電子取引については、特に、*Anwaltkommentar-BGB / Ring*, Schuldrecht（2002）§312e BGB Rn. 46; *Grigoleit*, WM 2001, 597（601）.

(21) 前注（7）を参照。

(22) このことについては、*Waldenberger*, EuZw 1999, 296（300）; *Mehrings*（前注（9））13.1 Rn. 112 ff. を参照。これと異なるものとして、たとえば、*Köhler*, BGB Allgemeiner Teil, 25. Aufl.（2001）§6 Rn. 12:「誤ったマウスクリック」においては、すでに行為意思が欠けている。

（23）一般的には、BGHZ 91, 324（329 ff.）、入力上の瑕疵については、OLG Köln NversZ 2001, 351（352）.

（24）AblEG Nr. L 178/1 v.17. 7. 2000. このことについては、*Hoeren*, Multi-Media und Recht 1999, 192（198f.）; *Reich / Nordhausen*, Verbraucher und Recht im elektronischen Geschäftsverkehr（eG）, 2000, 137 ff. *Spindler*, Multi-Media und Recht, Beilage 7/2000, 393（394）; *Kilian*, in: Weyers（前注（17））9 ff.

（25）一九九四年一〇月一四日の民法に基づく情報提供義務に関する命令（BGBl. 1994 I 3436.）二〇〇一年一一月二六日の債務法現代化法により最終改正（BGBl. 2001 I 3138）.

（26）*Taupitz / Kritter*（前注（17））843; *Mehring*（前注（9））13.1 Rn. 109.

（27）二〇〇一年七月一三日の「私法の方式規定その他の規定を現代的法律行為取引に適応させるための法律」（BGBl. 2001 I 1542）による。

（28）BT-Drucks. 14/4987 v.14. 12. 2000, S. 14.

（29）これに対して、ハードウェアの欠陥が瑕疵ある意思表示の発信に至ることは、ほとんどないであろう。*Mehrings*（前注（9））13.1 Rn. 103. を参照。

（30）*Mehrings*（前注（9））13.1 Rn. 103.

（31）結論的には通説である。*Medicus*（前注（15））Rn. 256; *Köhler*（前注（10））135; *Mehrings*（前注（9））13.1 Rn. 108; *Taupitz / Kritter*（前注（17））843を参照。

（32）*Flume*（前注（2））222 ff., 224; *Medicus*（前注（15））Rn. 270, 273を参照。

（33）BGHZ 67, 271（275）; 137, 205（208）; *Larenz / Wolf*, Allgemeiner Teil des Bürgerlichen Rechts, 8. Aufl.（1997）§26 Rn. 17; *Medicus*（前注（15））Rn. 274.

（34）*John*, AcP 1984（1984）384（395）を参照。

（35）*Medicus*（前注（15））Rn. 289; *Larenz / Wolf*（前注（33））§26 Rn. 30を参照。

（36）*Köhler*（前注（22））§6 Rn.18; *Taupitz / Kritter*（前注（17））841; *Ann*, in: Hohl / Leible / Sosnitza（Hrsg.）, Vernetztes Recht（2001）1（7）.

（37）類似のアプローチとして、*MünchKomm / Einsele*（前注（19））§130 Rn. 18; また、*Ultsch*, NJW 1997, 3007 f. も参照。

(38) *Ultsch*, DZWir 1997, 466（468）を参照。
(39) このことについては、*Ultsch*（前注（38））468 を参照。類似のものとして、*Ann*（前注（36））8.
(40) *Cordes*, Form und Zugang von Willenserklärungen im Internet im deutschen und US-amerikanischen Recht（2001）111f.; *Ann*（前注（36））8 は、もっと広く、電子メールアドレスをホームページ上に公示することをもって足りるとする。
(41) *Heun* CR 1994, 595（598）; *Ernst*, NJW-CoR 1997, 165（166）; *Thot*, Elektronischer Vertragsschluß-Ablauf und Konsequenzen（1999）63; *Taupitz / Kritter*（前注（17））842; *Hoeren*, Grundzüge des Internetrechts（2001）9; 当然に批判的なのは――ファクスの到達において生じる類似の問題性について――*Ultsch*（前注（38））468.
(42) *Kuhn*（前注（9））97.
(43) たとえば、*Kuhn*（前注（9））99; *Köhler*（前注（22））§6 Rn.13, 18; *Taupitz / Kritter*（前注（17））842; *Fritzsche*, JZ 1995, 630.
(44) *Heun*（前注（41））598; *Burgard*, AcP 195（1995）74（94 ff.）. なお、連邦通常裁判所の傍論として、NJW 1995, 665（667）も参照。
(45) *Burgard*（前注（44））96ff., 101ff.
(46) たとえば、*Larenz / Wolf*（前注（33））§26 Rn. 38 ff.; *MünchKomm / Einsele*（前注（19））§130 Rn. 34 ff. を参照。
(47) 一般的には、*Larenz / Wolf*（前注（33））§26 Rn. 42. その具体例については、*Taupitz / Kritter*（前注（17））842; *Ultsch*（前注（37））3008.
(48) さしあたり、*John*（前注（34））408 を参照。
(49) Motive zu dem Entwurfe eines Bürgerlichen Gesetzbuchs für das Deutsche Reich, Bd. I（1888）156 f. を参照。
(50) *John*（前注（34））408 を参照。
(51) *Taupitz / Kritter*（前注（17））843 も同旨。見解を異にするのは、*Ultsch*（前注（38））469.
(52) さしあたり、*Köhler*（前注（22））§6 Rn. 13 を参照。
(53) BT-Drucks. 14/2658, S. 40（通信取引法について）、BT-Drucks. 14/4987, S. 20（方式適応法について）。*Fuchs*, ZIP 2000, 1273（1279）は、批判的。
(54) *MünchKomm / Ulmer*, Schuldrecht Allgemeiner Teil, 4. Aufl.（2001）§361a Rn. 100. 事業者の義務として、情報伝達の技術的要件につき予め知らせておくべきものとするのは、*Fuchs*（前注（53））1279.

第六章　保証責任と公序(*)

山内　惟介　訳

目次

一　はじめに

ドイツ法上の基本権は外国私法が適用される場合にも遵守されなければならないという命題は、「スペイン人事件決定」として知られる一九七一年五月四日のドイツ連邦憲法裁判所決定以来、抵触法解釈学では動かしがたいものとなっている。(1) この決定がドイツ国際私法に及ぼした影響とその内容をめぐって行われた論議には、(2) 本記念論文集の被献呈者であるオットー・ザントロックも参加していた。F・A・マン祝賀記念論文集に寄稿した論文(3)においてザントロックが到達した結論では、憲法上の基本権保護は、（今なお発展途上にある）憲法上の一方的抵触法に基づいて根拠付けられるのではなく、むしろ（民法施行法中にすでに規範化されている）公序の留保を介して支えられるとされていた。――今日の民法施行法六条二文が示しているように――その後に行われた国際私法改正の際に、実際のところ、立法者もそうした方向性を採ることに賛成している。しかしながら、立法に採用されたことをもって、F・A・マン祝賀記念論文集で行われたザントロックの論述が、今日の読者にとって、その存在意義をすべて失ってしまっているということにはならないであろう。むしろ、ザントロックの論述の意義は一九九九年二月二四日の連邦通常裁判所決定(4)を通して今日ふたたび現実味を帯びるようになってきている。この裁判で問題となったのは、近親者が負うべき保証責任（三）、保証について外国法が適用される場合の保証責任（四）、特に保証に関する外国判決がドイツ国内で承認・執行される場合の保証責任（五）、これらについて、ドイツ判例上発展してきた諸原則がドイツ公序の構成部分として遵守されるか否か、また遵守される場合にはどの程度遵守されるのかという点であった。ただこれらを論じる前に、最初に、基本権の間接的第三者効力が外国私法に対してどのような関係に立つかという一般的な問題が論じられるべきであろう（二）。それは、ザントロックも前述の一九七七年論文でこの点について詳細に論じていたからである。

二　基本権の間接的第三者効力と外国私法

1　憲法上の基本権は、支配的見解によれば、私法上の法主体を直接の名宛人として想定しておらず、私法上の法主体間での法律関係相互の結び付きに基づいて間接的にのみ、すなわち、私法上の諸規定を介して、それも「突破口」[5]に当たる、具体的な価値実現を要する諸概念と一般条項を通じてのみ、効果を及ぼしている。[6]そのようなものとして、たとえば、基本法一条および二条一項では、一般的人格権が民法八二三条一項の意味における「その他の権利」として認められるようになっているし、[7]良心の自由（基本法四条一項）に基づいて、個別具体的事案では、民法二四二条を根拠に、労働契約に基づく解約権が基礎付けられ、[8]一般的な行動の自由が基本法上保障されていること（基本法二条一項）の帰結として、契約の対等性が損なわれている場合、民法一三八条による良俗違反を理由に、保証契約は無効とされるという結果も引き出されている。[9]このように、この問題を考える場合、「基本権の間接的第三者効力」という表現の背後には、憲法上の任務の、立法および司法に対する委託が隠されている。そこで委託されているのは、基本権の枠内で民事法制度を構築することであり、そして、――特に一般条項による保護の形式で――種々の新しい行動基準、主観的権利、各種の自由を制約する規範、これらを補充することである。[10]

2　当事者間の法律関係について外国法が準拠法となるとき、ドイツの基本権はその間接的第三者効力をどのように及ぼすのか。この点は、最近の文献でもまださほど詳しくは論じられていない。少なくとも確実なのは、まずもって、外国私法が適用される場合でもドイツの基本権は直接に効果を及ぼすわけではないという点である。原則として私法上の主体に対する言及が憲法規範を通して行われていなければ、私法上の法主体がドイツ法に従って行動するか外国法に従って行動するかによる違いは生じ得ない。[11] それでも、ちょっと見てすぐに考えつくことであろうが、当該問題の準拠法たる外国法上のさまざまな概念や一般条項を解釈したり具体化したりする場合には、ドイツ基本法上の価値基準の影響がみられるともいえよう。[12] しかしながら、こうした考えも退けられなければならない。[13] というのは、前述のような、民事法制度の構築および補充に関する憲法上の要請が直接に関連しているのは、ドイツ法における現在の規範状況のみだからである。外国の規範をドイツ憲法上の諸基準に従って整理することは、現実に対応した判断の原則に違反する[14]――それゆえ、右のように考えることは、われわれドイツの抵触規定により指定された外国法は原則としてそれが当該国で実際に行われているように適用されるべきであるとする思考方法に、違反する。[15] したがって、まず初めに、外国法はその現状がどのようなものかという点で調査されなければならない。[16] この原則に従って確認した結果、外国の諸規定をそのまま考慮することがドイツからみて基本法上保護されている諸利益を危うくすることになる――というのは、その外国法上みられる欠落部分が、ドイツ私法では基本権に合わせて当該制度を今後も発展させることによって埋められるようなものと考えられるからである――という点が明らかになるときに初めて、当該外国法規の適用につきドイツで修正が行われる。その際、外国法を統制したり、外国法をドイツ法に適応させたりする行為は――もっぱら――公序条項である民法施行法六条の枠内において行われる。[17] これに対して、私法上の、「基本法により具体化される一般条項」を民法施行法三四条の意味での強行規定とみなすという提言[18]は認められていない。[19]

文献上この点に関しては、ドイツ法が適用される場合だけでなく、外国法が適用される場合にも、ドイツ基本法上の価値体系が私法上の一般条項（すなわち、民法施行法六条）を介して影響を及ぼしているといった注釈が好んで加えられている。[20]ドイツ法と外国法との間にみられるこうしたうわべの同等性は、もちろん、機能上の根本的差異について思い違いをさせるものであってはならない。というのは、補充を要する実質法上のさまざまな条項や概念は、所与の状況下で、憲法上の価値を方法論的に最も簡単なやり方で私法規範へと移し替える形式で用いられるのであるが、民法施行法六条は直接にこの規定だけで、ドイツ抵触規定により指定された外国実質法を基本権(同条二文)や本質的諸原則(同条一文)に基づいて入り口規制に服せしめる可能性を作り出しているからである。

3 基本権が私法上の主体間の関係に対して及ぼす効力いかんが問題となる場合に、ここで挙げられたこれら二つの法体系のいずれが基準となるかという点は、必ずしも明確ではない。[21]私法的規律に関連する場合でも最終的に憲法上の価値判断が尊重されるという点を前提とすると、基本権それ自体が統制基準として利用され、それとともに民法施行法六条二文が適用されることとなろう。[22]これに対して、基本権が所与の状況下では私法上の衣をまとってしか現れないという点に注目しようとすれば、個々の基本権条項に含まれる私法的なメッセージがドイツ民事法上の「本質的諸原則」へと濃縮され、そしてその後に、これに基づいて、民法施行法六条一文に従い、外国法について調査された法状態が前述のドイツ法の本質的諸原則と合致しているか否かについて審査されると考えることになんら問題はない。

右の二つのうち、最初に挙げた考えに賛成する理由は、そうすることが操作上ずっと容易であり、しかも追加的な法律構成を展開しなくても済むからである。これに対して、これら二つの考えをもっと詳しくみてゆくと、ドイツ公序を発動するための実質的基準は、本質的にはおそらくほとんど異ならないであろう。六条一文の文言では、確かに、ドイツ公序に対する「明らかな」違反のみが問題となるとされているが、支配的見解[23]では、二文の適用範囲につき基本権違反の程度の強弱は区別されていない。しかしながら、そのつど関連する基本権保護の方向性(ドイツ人の基本権かドイツ人以外の者も含むすべての者の基本権か[24]についてだけでなく、基本権の具体的な制限の仕方を決める場合にも、その外国法がもしかするとまったく異なった社会的・経済的諸関係を志向しているのではないかという事情[25]がそこでは全面的に考慮されている——当該事実関係の内国的関連性がごく弱いものであれば、おそらくは憲法的な諸価値もごく限定的にしか実施されないであろうという点は、そこでは全面的に除外されている。[26]他方、当該私法規定がまさしく憲法上の諸原理を具体化しており、それゆえ、一種の「基本法上の価値の尊重[27]」を示していると考えられる——そして、この要件が基本権の間接的効力の範囲内で満たされている——ときは、それだけ容易に、民法施行法六条一文の意味での国内私法の「本質的諸原則」に対する「明らかな」違反が存在するものと判断されよう。

以上をまとめると、結局、当該規定中に基本権の介入が含まれている場合、たとえば基本法三条二項の平等原則や基本法一四条一項の所有権保障と相容れない場合に限って、民法施行法六条二文により個別具体的事案で外国私法規定の適用が排除されるというわけではない。[28]これと同様に、基本権がドイツの民事法制度の構築を強制しているような諸領域において、当該外国法がドイツ憲法上要請されている最小限度の保護の背後に退くときも、外国法は、基本権と相容れず、排除されることになる。

三　ドイツ法による保証契約の良俗違反性

1　基本権と合致しながらドイツ私法がその後も発展してきたという状況を文字通りよく示している教材的事例は、判例上認められてきた保証人の責任に対する制限である。連邦憲法裁判所[29]は、よく知られているように、先例としての意義を有する一九九三年一〇月一九日の裁判において結果的にみると大胆に民法中の保証契約法に介入し[30]、法の発展に影響を与えてきているが、しかしながら、そうした発展の行方とそれがもたらす帰結を見通すことは、今日ではまだ完全には行われていない。基本法二条一項ならびに社会福祉国家の原理（基本法二〇条一項および二八条一項）との関連において、連邦憲法裁判所は、民事裁判所がその義務を、すなわち、民事法上の一般条項の具体化に際して基本法上の諸基準に配慮し、その結果、外国法が定める場合よりも契約の一方当事者の相手方に対する優位がことのほか強いときにはこれを修正するために介入すべきであるという義務を果たすよう、強調した。これによると、契約の成立に際して当事者の一方が社会の構成からみて劣位にあり、その結果、下位にある当事者の負担が異例に大きい場合、その契約は民法二四二条に合うように適合させられ、また、おそらくは良俗に違反するものとして民法一三八条により無効とみなされなければならない[31]。右の事件に即して具体的にみると、連邦憲法裁判所は年少の女性による憲法訴願を認めた。この女性は二一歳で、その父が借り受けていた事業用貸付金一〇万ドイツ・マルクについて保証したため、債権者たる銀行の訴えに基づき最終審である連邦通常裁判所で支払を認める敗訴判決を受けていた。民事の最高裁判所である連邦通常裁判所は、本件保証人には資産がなく、保証人自身が固有の経済的利益を上げていない状態で保証が引き受けられ、しかも、本件の保証責任から生じるリスクが債権者側の一社員によって些細な問題として取り扱われていたにも拘わらず、契約上の対等性がおそらくは損なわれているのではないかという点について検討する契機を見過ごしていたのではないかと思われる。

2　憲法裁判所が示した右の諸基準は、その後数年の間に、民事事件を取り扱う諸裁判所の判例によって、保証法に関する多数の裁判例[32]の中に取り入れられ、しかもまず民法一三八条[33]の枠内で私法解釈学において統合されるようになっている。これらの事案を通じて判例による素材が豊富になったため、法律学にも、それぞれの時点で最新の状況を考慮して改めて体系化を試みるようにという刺激が加えられることとなった。[34]これら判例と学説の細目について詳論することは、本章の範囲内では不要であるし、またさほどの意味もないであろう。ただ、それでも、現在の法状態がどうなっているかを確認した結果を整理すれば、以下の三点を挙げることができる。

第一に、連邦憲法裁判所が、卑属や配偶者[35]が保証を引き受ける場合に関して設けた諸基準は、複数の民事裁判所の判例によって独自の推進力を持つようになり、その結果、今日では、保証契約の場合だけでなく債務共同引受[36]の場合にも適用され、また最も近い親類関係に立つ者が行う責任引受宣言の場合だけでなく、兄弟姉妹[37]、婚姻類似の共同体のパートナー[38]、労働者[39]および有限責任会社社員[40]が責任引受宣言に相当する義務を引き受ける場合にも、同様に用いられている。外国の規定に対する関係で基本法二条一項について設けられた保護は、このようにして、担保取引に関する民事法解釈学の中にも広く受け入れられてきている。

第二に、良俗違反の有無および程度を確定する場合、判例は、一連の言い回しを上手に操ってきた——たとえば、保証人が負うべき義務の範囲、保証人の給付能力と取引経験の不足、保証人と債務者との親類関係と保証が付される取引に関する保証人の利益、保証契約締結までの交渉の状況と保証の経済的無意味性、財産移転からの債権者の保護と諸事情についての債権者の認識、これらがそうである——。これらの言い回しは、交互に結び付けられて、無効という判断を理由づけている。個々の観点にどのような比重が与えられるか、個々の観点が相互にどのように体系化されるか、どのような事例グループにおいてどのように体系化されるか、それゆえ、厳密に個別具体的事案で考えると、どのような条件の下で保証および債務引受が良俗違反となり、その結果無効とみなされ得るかといった諸点は、今なお確定的なかたちで明らかにされているわけではない。それゆえ、親類が行う保証が有効か無効かという点について述べる場合、今日でも、若干の不明確な点がある。[41]この点に関する法状態を見通すことができないのは、連邦通常裁判所内の、保証法と銀行法について所管する二つの部がこれまでのところ担保取引の内容規制について統一的基準を設けるところまで一致できていないからである。[42]

第三に、一九九九年一月一日に新しい倒産法が施行[43]されたが、その後も、将来、民法一三八条一項や二四二条が適用される場合、保証人が自己の所得や資産の状態を考えても自分が負う義務の履行を予測できないといった事態に対してどのような意味が与えられるかという点は、まだ明確になっていない。というのは、倒産法二八六条以下の規定は、債務者に対し、七年後に残存債務免除を通じて債務者の支払義務を解放する可能性を原則的に認めているからである。立法者は、ここでは明らかに、過大な負担を負わされている債務者の保護を強制執行法の次元に持ち込んでいる。この保護は――それが達成されるときは――契約の無効宣言や契約内容の適応を通じて、債権者と保証人の間での契約締結の自由に対する制限を不必要なものにする可能性がある。[44]

四　民法施行法六条二文と保証準拠法としての外国法

1　右に概観したドイツにおける保証法の発展を前提とするとき、おのずと浮かんでくるのが、ドイツ法のように明確に構成された保証人に対する保護制度を保証準拠法が知らない場合に、外国法に服する保証は民法施行法六条二文の前でも存続し得るか否かという論点である。外国法が保証契約に対して適用されるのは、たとえば、両当事者が、民法施行法二七条一項一文に従い、外国債権者の本拠地で行われている法秩序が適用されるように準拠法を選択していた場合[45]である。保証を民法施行法二九条一項の意味における消費者契約とみなすことはできないので、この場合、当事者自治はいかなる制限にも服さない。それゆえ、ドイツ国内で生活している保証人が外国の銀行に対して義務を負い――それは、普通、銀行は自己の本拠地法たる外国法の適用を主張するからである——、その後、自己の住所地のある内国で保証の存在を理由に支払を求める訴えが提起されるといった例が考えられよう。準拠法が選択されていない場合でも、民法施行法二八条一項一文、二項一文によると、保証人が——この者が当該契約関係において特徴的給付をもたらしていることになるので——契約締結当時にその常居所を外国に有するときは、外国法が準拠法となる[46]。たとえば、保証人が契約締結後に自己の住所をドイツ国内に移しているときは、保証責任に関する争訟は国内の裁判所で審理される余地がある。

2　ドイツ公序に違反するのは、外国法の適用がドイツ法上の本質的諸原則と、特に基本権と合致しない「結果をもたらす」場合である。支配的見解がそこから引き出しているところによると、審査の対象は外国規範それ自体ではなく、具体的事案における外国規範の適用結果である。ここでは、抽象的な規範統制は行われていない[47]。

しかしながら、ドイツ法の状況をこのように描写することは不完全であり、誤解をもたらすものである[48]。というのは、規範を適用した結果として表れるのは、通例、ある法律関係が(一定の内容を伴って)存在するとか存在しないとかということだけだからである。しかしながら、まさしく当該法律関係の内容を形成するものが不快であると思われない限り、法律関係の存否それ自体は、普通、内国公序に対する違反を根拠付けることはないであろう。この点は、ここでの関連においても示すことができる。すなわち、債務者本人が自己の債務を履行していない場合に、保証人がその保証義務に基づいて債権者に対して責任を負うという点は、なんら、ドイツ法上の本質的諸原則や基本権に矛盾するものではない。というのは、このような「法適用結果」はドイツ私法にとってまったく知られていないというものではないからである。それでも、契約成立の際の交渉状況が均衡しておらず、保証人の給付能力からみて甚だしく債務超過になるような場合には、まさしくそうした理由から、右のような取扱いについてもおそらく疑問が生じることであろう。しかし、この場合でも拒否されるのは、準拠法の適用結果それ自体ではなくて、厳格な内容を有する外国法規定があるにも拘わらず、保証人の義務を有効だとするような法規範によってそうした最終的帰結がもたらされていることによる、その最終的帰結であろう。それゆえ、支配的見解が強調するような、当該外国法の適用結果ではなくて、適用結果の根底にある法規範とそこに表現されている、外国法上の価値観念こそが、第一次的に、ドイツ国内の正義の観念に含まれる尺度に即して測られなければならない。もちろん、この尺度に従って判断した結果、抽象的に審査すると、具体的事案に適用される外国規範がドイツ公序に反する場合であって、しかも、当該規範の適用が具体的事案において耐え難いと思われるときにのみ、民法施行法六条の定める法的効果が——この六条は、その限りで破綻した当該外国規定の表現内容を述べようとするものである——発生することとなろう。

以上の説明で示されているのは、民法施行法六条における審査が二段階のもの(49)だという点である。第一段階では、外国法上適用される規範がドイツの基本権や「ドイツ法上の本質的諸原則」と合致しているか否かが確認されなければならない。それゆえ、当該外国規範が——この規定はドイツの規定であると考えられるので——基本権統制に耐えられるか否か、また一般にドイツ法上の価値体系と合致させることができるか否かが問われなければならない。当該外国規範の内容、立法理由および目標設定、これらは当該外国規範が由来する法秩序に基づいて調査されなければならない。その際、外国法の全般的関連性が顧慮されなければならない。ドイツからみてそれだけ取り出して判断するとおそらくは疑問のある規定も、他の箇所にある諸規定を補充してみると、その効果の点で緩和されたり、弱められたりする余地があろう。(50)その結果、当該外国規範がドイツ国内の公序と合致するときには、その外国規範が適用されることとなる。(51)

右に述べたことがあてはまらない場合には、当該外国規範の適用が具体的に判断されるべき事実に対して結果的にどのように影響を及ぼすのかという点が第二段階で調査されなければならない。ドイツ公序に違反する外国規範を裁判の基礎とする者は、それをもってドイツ国内では耐え難い、外国立法者が有する価値観念をドイツの社会的現実に置き換えることになる。まさしくこのことを妨げようとするのがドイツ民法施行法六条である。それゆえ、このような内容を有する外国規定をドイツ国内で顧慮してはならないといった推定がそこには存在する。ただ例外的に、外国規範の適用を許容できる場合がある。それは、個別具体的事案で要件事実を法規に包摂した具体的な結果がわれわれにとって不快感をもたらさない場合、たとえば、具体的な包摂結果が十分な内国的牽連性を欠くとか、ドイツ法の適用によっても——これとは別の考慮によるとしても——個別具体的事案ではまったく同一の帰結に達するとかいった場合である。

3　一九九三年一〇月一九日の連邦憲法裁判所の裁判[52]によれば、外国法規が定める内容を国内で実現するための手段として契約を利用してはならないという制約の下で契約締結の自由を私法上形成することが憲法上定められたさまざまな基本的価値によって強制されている。この保護基準を外国法上の規定が遵守していない場合、そのような外国の規定は、基本権と、それゆえドイツ公序とは合致しない。民法施行法六条の意味での法規とは——そのような法規の適用がここでの関連で問題となるが——契約当事者に対してこのような無制限の契約自由を認めている当該外国私法上の——疑いはあるが、不文の——授権規範である。この点を明確に区別しておかなければ、相対的に強い地位にある契約当事者が私的自治を濫用している事案で当事者に認められている私的自治の度合を制限する（制定法上または裁判所により展開された）法規範が当該外国法秩序に欠けているときに[53]、内国公序に対する違反があるとする理由を見つけることはできないであろう。

こうした考え方によれば、ドイツ法では、基本法上保障されている私的自治（基本法二条一項）および社会福祉国家の原理（基本法二〇条一項、二八条一項）に添わない（それゆえ、私法の次元で契約の良俗違反をもたらす）諸要件の下で、外国法がドイツ法とは規定内容を異にする保証義務を認めている場合、おそらく内国公序違反が肯定されることとなろう。[54] この点について連邦憲法裁判所が設けている諸基準の内容——保証人の過大な負担、契約当事者間での構造的な不平等——は、もちろんいかなる疑いも生じないほど明確に、確認できるものでなければならない。ドイツ法上はその時点でなお不確実であるために無効であるか否かを確認できない場合や、それどころか法廷が違えば[55]異なって判断される[56]場合において、保証準拠法たる外国法が保証を有効なものとみなしているときは、民法施行法六条は介入しない。というのは、これらの場合にも、民法施行法六条二文の意味における基本権違反を明確に発見することができないからである。

保証人が個別具体的事案で負っている義務が有効であるか否かという問題は、当該外国法を総合的にみることによって初めて、答えることができる。[57] 無効は、それが無条件に契約法の規定で定められているとは限らず、たとえば妻が夫のために保証を引き受けることを禁止する——婚姻法上の——保証の禁止によっても生じる余地がある。[58] 外国法では、おそらく、当該国の規定の適用範囲が、その他のメカニズム——契約締結の際の説明義務、[59] 撤回権や取消権、契約適合の可能性——によって、その国で耐えられる程度にまで引き下げられていることであろう。そして最後に、場合によっては、強制執行手続でも、経験の乏しい保証人のために保護規定を介入させる余地があるという点が考えられなければならない。

もとより、ドイツ裁判所からみると、保証準拠法たる外国法の他に、その他の外国の強制執行法も適用されなければならないということではなくて、適用されなければならないのは常にドイツの強制執行法のみである。[60] その際、保証準拠法たる外国法とドイツの強制執行法とを結び付けることで、評価に矛盾が生じることがある——というのは、保証準拠法たる外国法上の諸規定を同じ国の強制執行規定と一緒にしてみるとドイツ公序には反しないと考えられるのに、保証準拠法たる外国法をドイツの強制執行法と結び付けてみるとそれが耐え難い外国規定だと考えられるからである――が、その場合には、そうした矛盾は、民法施行法六条を介してではなく、公序条項よりも優先して適用される適応規定[61]の助けを借りて、解決されるべきである。妻による保証の禁止についてもこれと同じことが考えられる。妻による保証の禁止の法的性質が契約法ではなく婚姻の一般的効力と決定されるところから、保証準拠法と婚姻の効力の準拠法とが別々になり、しかも後者が――保証の準拠法とは反対に――このような妻による保証の禁止を知らないときは、ここでも規範矛盾が生じ得るからである。

4　もちろん、たとえば、当該事実関係によって示される内国との関連性がきわめて薄いといった理由で外国法適用の結果とドイツ公序との関わりが些細なものでしかないときは、ドイツ公序と矛盾する外国法規の適用を緩和することができる。[62]（ドイツ人や外国人の）保証人が当該保証義務を引き受けたときもその後の裁判の時点でもドイツ国内にその常居所を有する場合には、内国との接触が十分であるという点でまったく疑問の余地はない。しかし、常居所を外国に有する保証人が同様にそこに住む債権者に対して常居所地国法に従い保証義務を引き受けた後になって、常居所をドイツ連邦共和国に移していたときは、やはり、検討を要しよう。この者に対して支払を求める訴えがドイツ裁判所に提起されているときは、確かに、常居所が裁判時に――この時点がこうした関連で問題となるとするのが支配的見解[63]である――ドイツ国内にあるということをもって、内国との関係が普通の場合には十分に存在するといえる。それでも、ドイツ法秩序との接触をまったく持たないまま外国で契約を締結した後に保証人が常居所をたんに――意図的か否かには疑いがあるにしても――ドイツ国内へ移したということだけでドイツ公序を働かせるに十分な内国との関連性を確立することができるはずだという主張には、どうしてもためらいが残ることであろう。[64]

外国法上有効に成立しているが、ドイツ法からみると逆に良俗違反のため無効とされる保証であっても、個別具体的事案においては、なおもうひとつ別の観点からみて、外国法の適用を甘受できる場合がある。外国法規範がドイツ公序と矛盾するか否かは、なるほど、原則として——必要とされる内国的関連性についての判断と同様に——裁判時に支配的な見方に従って判断される。(65) しかし、そうだからといって、このことからすぐに、過去に存在した生活事実に対する評価の際に、従前に用いられた——これとは異なる——評価基準を同時に顧慮することまでが排除されるというわけではない。(66) たとえば、一九九三年一〇月一九日の連邦憲法裁判所の裁判(67)よりも前に——外国法に従って——引き受けられている、家族の一員による保証の有効性については、どのように考えるべきか。

家族の一員である特定の者の行う保証が良俗に違反することをドイツ法では基本法二条一項および民法一三八条一項により「いつでもすぐに」説明できるため、その結果として、連邦憲法裁判所が潜在的に常に存在するそうした評価だけに光を当て、一九九三年の裁判では——法典変更の場合とは異なって——態度を変える旨を述べていたわけではないという点は、確かに論証することができる。それでも、家族の一員による保証が有効か否かに関する評価が、連邦憲法裁判所の判決が下されるまで、民事裁判所の判例でも文献でも大きく対立していたこと、(68) その結果、一九九三年の裁判によって事実上まったく新しい状況が生まれたこと、これらを否定することはできないであろう。しかしながら、ある法律問題についてドイツ法上なお論議が続いており、しかもそうした状況が生まれてからさほど長い時間が経っていない場合には、問題状況を異にする外国法との対比においても、民法施行法六条を特に慎重に取り扱うことが適切であるように思われる。(69) というのは、一方では、おそらくはさほど社会が発展していないかアクセントの置き方が異なっている外国の法に対して、ドイツ解釈法学の真新しい認識を押し通すという課題は留保条項には与えられていないからである。(70) また他方で、判断すべき生活事実が現実のものとなった時点では、外国法に対する不快感の存在がまだ明確に確認され得ないような場合には、今日考えられるような内容の公序に対する違反の度合はごく弱いものでしかないであろう。これらを考慮すると、少なくとも外国法に服する保証契約が連邦憲法裁判所の裁判よりも前に合意されていたときは、そうした保証の公序違反性について今日通用しているような基準で測るべきではないという点に賛成できよう。(71)

5　以上の考慮に基づいて確認した結果、外国法上契約の自由が認められていることから外国法規の定める通りの内容で契約締結が行われ、具体的に引き受けられた保証がドイツ公序に反すると言える場合、右の調査結果から得られる最終的な法律効果は、おそらくは支配的と思われる見解によれば、まずもって保証が付される被担保債権の準拠法から取り出すことができよう。(72) それゆえ、――「現実に対応した」判断の原則(73)を求める要請はその後も残るので――外国法上有効な保証は保証準拠法上あたかも瑕疵ある(特に良俗に違反する)契約であるかのように取り扱われることとなろう(その効果が無効か、取消可能か、給付の適応かは、準拠法がどこの国の法であるかにより異なる)。当該外国法中に解釈可能な解決策を見出すことができない――そのような蓋然性はあまりないであろうが――場合に初めて、ドイツ法上発展してきた諸規定(民法一三八条一項、二四二条)の適用が考慮されることとなる。

五　保証責任に関する外国判決の承認

1　保証責任に関するドイツ法上の諸原則を国際的にも実施することができるか否か。この問題は、外国法が保証準拠法として適用される場合だけでなく、保証に関する外国判決がドイツ国内で承認執行される場合にも提起されている。保証人が外国の裁判所で支払を認める敗訴判決を受けている場合であっても、その判決がドイツの公序に反するとき(民事および商事の事件における裁判管轄権および裁判所による裁判の執行に関するヨーロッパ経済共同体ブリュッセル条約（EuGVÜ）（ヨーロッパ管轄執行条約と略記）二七条一号および三四条二項、民事および商事の事件における裁判管轄権および裁判所による裁判の執行に関するルガノ条約（LugÜ）（ルガノ条約と略記）二七条一号および三四条二項、民事訴訟法三二八条一項四号および七二三条二項二文）は、外国裁判所の判決はドイツ国内で承認執行されない。どのような価値観念がドイツ国内の公序に含まれるかという点は、前記の諸条約が適用される場合でも——少なくとも最初の段階では——国内法による。(74) 基準時は、承認や執行についての裁判が行われる時点である。(75)

一般的な見解によれば、問われるのは、外国の裁判それ自体が内国公序と合致するか否かではなく、その裁判の承認および執行が内国公序と合致するか否かという点のみである。(76) ただ、この両者の違いはあまり参考にはならないように思われる。(77) というのは、外国判決を審査する際にその判決の内容は問題ではないということはいかなる場合でも考えられないからである。当該判決中に表現されている法適用の帰結がドイツ法上の本質的諸原則や基本権と矛盾していないときは、当該判決のドイツ国内での承認執行には何の疑いも起こり得ない。逆に、たとえば当該判決で言い渡された法律効果が結果的にドイツ法にとって不快と感じられる外国法規の適用に起因する場合には、ヨーロッパ管轄執行条約二七条一号および三四条二項の意味での内国公序に対する違反の有無が問題となろう。

2　それゆえ、外国判決について内国で執行を言い渡す前に、論理上当然のことであるが、当該外国裁判所がそこに提示されている生活事実に対して自己の判断に基づいて適用していた法規範が、内国での執行宣言時に支配的な見解によるとドイツ公序に違反するか否かという点がまず審査されなければならない。(78) その場合には、前述の諸観点が顧慮されるべきである。それゆえ、憲法裁判所の諸基準（保証人の過大な負担、当事者間での不平等）を考慮すると明らかに異質な内容を有する外国法上の保証義務を可能とするような法規範に基づいて外国裁判所が自己の判断を下していたときは、先に引用した手続法上の留保条項で採用されている意味でのドイツ公序に対する違反が存在することとなる。(79)

それでも、先行する外国裁判所で提示された生活事実が内国的関連性という要件を満たしていないときは(80)、当該の外国の判決もドイツ国内で承認され、執行されなければならない。もちろん、ドイツ国内で承認執行されるべきであるという事情があるだけで、内国的関連性の要件がすぐに満たされるわけではない。(81)それゆえ、前述の連邦通常裁判所(82)で裁判されたような事案では、内国との十分な関連性という要件が欠けていたことになる。この事案では、二一歳のフランス人男性がフランスで、同じようにフランスに住むと推測される債権者に対し、自分の妹が負っていた五五万フランス・フランの貸付金について保証し、ストラスブールの裁判所で保証の存在を理由に支払うよう認める敗訴判決を受けていた。保証義務を引き受けた時点で保証人はなるほどドイツで働いてはいたが、フランスに住んでいた。その後、保証人は——ストラスブールの裁判所の判決後に住所変更が行われたことは明確である——その住所をドイツ連邦共和国に移していた。ストラスブールの裁判所で判断材料とされた生活事実はすべて、本件の場合、フランスの法的環境に根差したものであった。連邦通常裁判所が簡単に内国と十分な関連性がないという理由でヨーロッパ管轄執行条約二七条一号および三四条二項の諸要件を否定することができたのも、こうした事情によるものであろう。(83)

3　ドイツで広く普及している見解によれば、外国判決を承認執行する場合には、ドイツ公序を貫く度合もさらに緩やかになっている。民法施行法六条が用いられる判決手続では外国法規範の適用が中止されなければならないとしても、それでも、これとまったく同一の法規に基づいて判断された外国判決を承認することができよう。というのは、少なくとも外国判決の法的効力が当該国で発生しており、そのことを通じて両当事者がすでに一定の法的地位を取得してしまっているからである。[84] これに対して、外国判決が「はなはだしく非とされるべきであり」、ドイツ法の根本的思考と「耐え難いほど矛盾し」ている場合には、その判決は承認されない。[85] このようないわゆる「緩和された公序（ordre public atténué）」論が総じてどのような結果をもたらすかという点は、文献では明確に述べられていない。[86] それでも、まさしくこの保証に関する諸判決を再検討してみると、私的自治が明らかに濫用された結果として保証人に賠償責任が負わされているにも拘わらず、外国裁判の承認執行を甘受できるようにみえる、互いにはっきりと区別される二つのグループの存在が浮かび上がる。

第一のグループは一九九三年一〇月一九日の連邦憲法裁判所の裁判が行われるよりも前に保証人に対して下されていた外国の支払認容判決に関するものである。なるほど今日の見方からすると、これら外国の判決にはドイツ公序に対する違反が含まれている。けれども、そうした公序違反も決して耐え難いものであるとは思われない。というのは、それらの外国裁判は言い渡された当時にはまだドイツ法上の本質的諸原則と合致しており、その後に公表された連邦憲法裁判所の鶴の一声で良俗違反という刻印が捺されたものだからである。

第二のグループは、――少なくともその内容においては――連邦通常裁判所が一九九九年二月二四日の裁判[87]において展開していたものである。すなわち、まさしく執行もドイツ法上の本質的諸原則に違反している場合に限って、連邦通常裁判所が――ドイツ法上の諸基準によれば不快な――外国の給付判決に基づく執行を拒否しようとしていた場合である。このことがあてはまるのは、「債務者を外国の支払命令の下におくことがこの者の行動の自由をドイツ憲法に反して」制限することになる場合だけであろう。このようにみてくると、おそらく「特に極端な事案において、外国法が適用された結果、正当かつ公正な判断ができる者であれば誰でも異論の余地がないほど、債務者が抵抗力を欠く状態に置かれ、その結果、数年先まで差し押さえさえできないような最低水準の経済的生活を強いられる場合には、その者の地位が社会構成上劣後すると考えることができよう」[88]。

こうした判断が実務上意味している内容を整理しよう。第一に、外国判決が下された時点とドイツで外国判決が執行される時点との間に、保証人の経済状態が段階的に改善されていたときは、ドイツ公序に違反する外国の支払認容判決に基づく執行を阻止することはできない。次に、ドイツで執行した結果、債務者が「外国法が定める内容に添って抵抗力を欠く状態」に置かれるとすれば、たとえ債務者が依然として外国で生活し、ドイツ国内では個々の資産（たとえば、内国所在の不動産）についてしか執行が行われないような場合であっても、そうした結果をドイツで受け入れることはできない。最後に、一九九九年一月一日の倒産法が施行されて以降、債務者は一定の要件のもとで倒産法二八六条以下の諸規定による残額債務免除を通じて七年後には自己の支払義務を免れ得るという点が顧慮されなければならない[89]。それは、外国で支払を認める敗訴判決を受けている保証人がドイツ国内で倒産法上の残額債務免除手続を利用できるような場合には、「時間的な点で見通しのきかない」良俗違反にこだわることはできないからである[90]。

（＊）本章は、原著者の許諾を得て、*Dörner*, Bürgenhaftung und ordre public, Festschrift für Otto Sandrock, Verlag Recht und Wirtschaft, Heidelberg 2000, S.205–222 を訳出したものである。

（1）BverfGE 31, 58 ff.

（2）どのような影響があったかに関する史的展開について参照されるのは、たとえば、*Müller-Freienfels*, Festschrift für G. Kegel（1977）55 ff. である。

（3）*Sandrock*, Das „einseitige Kollisionsrecht für die Verfassung“ und das ausländische Privatrecht: Vile Lärm um nichts?, Festschrift für F. A. Mann（1977）267 ff.

（4） BGHZ 140, 395 = NJW 1999, 2372 = LM EGÜbk Nr. 58（mit Anm. *Dörner*）= WM 1999, 681（mit Anm. *Pfeiffer*, WuB VII B. Art. 27 EuGVÜ 1.99）= ZIP 1999, 483 = JR 1999, 373（mit Anm. *Staudinger*）= IPRax 1999, 371（mit Anm. *Schulze* 342）= RIW / AWD 1999, 457.

（5） BVerfGE 7, 198（206）; 42, 143（148）.

（6） 「基本権の間接的第三者効力」をめぐる論議について参照されるのは——全体を見通すことのできる文献はまだないが——最近のものでは、たとえば、*Hager*, JZ 1994, 373 ff.; *Oeter*, AöR 1994, 529 ff.; *Canaris*, Grundrechte und Privatrecht（1999）, insb. 33 ff. である。

（7） 参照されるのは、たとえば、BGHZ 35, 363（367）; 39, 124（131 ff.）である。

（8） 参照されるのは、BAGE 47, 363（373）である。

（9） より詳しくは、後述三。

（10） BverfGE 96, 56（64 f.）.——そこで取り上げられている憲法上の「保護要請機能」について参照されるのは、ここでも、多くのものに代えて、*Canaris*, AcP 184（1984）201（225 ff.）; *ders.*（前注（6））, 37 ff. および注（61）における包括的な論証である。

（11） これについて参照されるのは、やはり *Sandrock*（前注（3））, 282 f. である。

（12） 参照されるのは、たとえば、*Lüderitz*, RabelsZ Bd. 36（1972）35（38 f.）にみられる考慮である。

（13） *Bernstein*, NJW 1965, 2275（2276）; *Sandrock*（前注（3））, 283; *Spickhoff*, Der ordre public im internationalen Privatrecht（1989）118.

（14） *Spickhoff*（前注（13））, 118.

（15） ただ、公序違反により生じる法律効果については、前述**四**5をも参照。

（16） 参照されるものとしては、*Kegel*, Internationales Privatrecht, 7. Aufl.（1995）115 のみを挙げるにとどめる。

（17） 参照されるものとしては、*Sandrock*（前注（3））, 287 f.; *Spickhoff*（前注（13））, 118 のみを挙げるにとどめる。

（18） *Reich*, NJW 1994, 2128 ff.

（19） 参照されるのは、BGHZ 135, 124（139 f.）である。正当なことにこれに批判を加えているものとしては、*Martiny*, ZEuP 1995, 66 f. もある。

（20） *Staudinger / Blumenwitz*, EGBGB, 13. Bearbeitung（1996）Ar. 6 Rn. 106; *Völker*, Zur Dogmatik des ordre public（1998）120; 参照さ

れるものとしてはまた、やはり *Sandrock*（前注（3））, 287 である。

（21）この問題が実際上重要となるのは、もちろん、民法施行法六条二文を、支配的見解に添って優先的な特別規定と解する場合（参照されるのは、たとえば、*Spickhoff*（前注（13））, 121 f.; *Coester-Waltjen*, BerGesVR Bd. 38（1998）, 9（19）である）、それゆえ、同条一文のたんなる原則的適用例にすぎないとは解さない場合（参照されるのは、*Völker*（前注（20））, 121 である）だけである。

（22）そのようなものとして、おそらくは、*Spickhoff*（前注（13））, 116, 118.

（23）参照されるのは、たとえば、*Kropholler*, Internationales Privatrecht, 3. Aufl.（1997）229 mit Fn. 24; *MünchKomm / Sonnenberger*, BGB, Bd. 10（EGBGB）, 3. Aufl.（1998）Art. 6 Rn 53; *Spickhoff*（前注（13））, 124 である。これらの文献でそのつど援用されているのが BVerfGE 31, 58（86）である。

（24）参照されるのは、BVerfGE 31, 58（77）である。

（25）*MünchKomm / Sonnenberger*（前注（23））, Rn. 54; 参照されるものとしてはまた、*Kropholler*（前注（23））, 230 f. もある。基本権が外国法に対して限定的効力しか持ち得ないことについて一般的に参照されるのは、*R. Hoffmann*, Grundrechte und grenzüberschreitende Sachverhalte（1993）30 ff., 68 ff. である。

（26）BVerfGE 31, 58（77）; *Kropholler*（前注（23））, 230 f.; *MünchKomm / Sonnenberger*（前注（23））, Rn. 55; *Spickhoff*（前注（13））, 124 f.; *Völker*（前注（20））, 122 ff.

（27）*MünchKomm / Sonnenberger*（前注（23））, Art. 6 Rn. 61.

（28）基本権が私法規定に対して直接的効力を有する点について参照されるのは、ふたたび、*Canaris*, AcP 184（1984）, 212 ff.; *ders.*（前注（6））, 23 ff., 35 ff. である。

（29）BVerfGE 89, 214 ff.

（30）特に批判的なものとして、*Zöllner*, AcP 196（1996）, 1 ff. がある。

（31）BVerfGE 89, 233 f.

（32）参照されるのは、BGHZ 120, 272; 125, 206; 128, 230; 132, 328; 134, 42; 135, 66; 136, 347; 137, 329; 連邦通常裁判所 NJW 1994, 1341 および 1726; NJW 1996, 513 および 1274; NJW 1997, 52 および 940 および 1005; NJW 1999, 58 のみである。

(33) 民法二四二条(権利濫用)による保証人責任の制限を実践しているのは、たとえば、BGHZ 128, 230; 132, 328 (332) である。

(34) 参照されるのは、たとえば、*Staudinger / Horn*, BGB, 13. Bearbeitung (1997) §765 Rn. 162 ff.; *Palandt / Heinrichs*, BGB, 58. Aufl. (1999) §138 Rn. 37 ff.; Horn, WM 1997, 1081; M. *Tonner*, ZIP 1999, 901 ff.; Fischer, WM 1998, 1750 である；最近の発展については、*Tiedtke*, NJW 1999, 1209 ff.

(35) これについて参照されるのも、同様に、BVerfGE 89, 214 ff. (第二事件) である。

(36) たとえば、BGHZ 120, 272 ff.; 134, 42 ff.; 135, 66 ff.

(37) BGHZ 137, 329 ff.

(38) BGHZ 136, 347 ff.; 連邦通常裁判所、NJW 1997, 1005 ff.

(39) 参照されるのは、ベルリン宮廷裁判所、MDR 1998, 234 ff. である。

(40) 参照されるのはたとえば、BGHZ 137, 329 ff.; 連邦通常裁判所、NJW 1996, 1341 ff.; 1998, 894 ff. である。

(41) 参照されるのは、*Horn*, WM 1997, 1081; *M. Tonner*, ZIP 1999, 901 (902) である。

(42) それゆえ、第一一民事部(銀行法)は、資産も所得もない保証人に責任を問う場合の条件を明らかにするために、一九九九年六月二九日付け提示決定 (XI ZR 10/98) をもって、裁判所構成法 (GVG) 一三二条により、大法廷に照会した。これについて参照されるのは、WM 1999, 1556 である。

(43) 一九九四年一〇月五日の倒産法、BGBl. 1994 I 2866.

(44) 参照されるのは、連邦通常裁判所、NJW 1996, 1277 である。これについては、*Kübler / Prütting / Wenzel*, InsO (1999 ff.) §286 Rn. 2; *M. Tonner* (前注(41)), 904, 911 をも参照；これらとは反対に、これに対して懐疑的なものとして、*Gernhuber*, JZ 1995, 1086 (1094) がある。これにはその余の証明が付されている。

(45) 参照されるのは、BGHZ 121, 224 (228) ; *Reithmann / Martiny*, Internationales Vertragsrecht, 5. Aufl. (1996) Rn. 1023 である。

(46) 参照されるのは、*Reithmann / Martiny* (前注(45)), Rn. 1023; *MünchKomm / Martiny*, BGB, Bd. 10 (EGBGB), 3. Aufl. (1998) Art. 28, Rn. 220 である。

(47) *MünchKomm / Sonnenberger* (前注(23)), Art. 6 Rn. 47; *Soergel / Kegel*, EGBGB, 12. Aufl. (1996) Art. 6 Rn. 9; *v. Bar*, Internationales Privatrecht, Bd. I (1987) Rn. 634; *Kropholler* (前注(23)), 224 f.; *Firsching / v. Hoffmann*, Internationales Privatrecht, 5. Aufl. (1997)

§6 Rn. 150; 判例の中から例を挙げると、BGHZ 50, 370 (376); 75, 32 (43); 104, 240 (243) がある。

(48) 以下の説明について参照すべきものとして、すでに *Dörner*, IPRax 1994, 33 (35) がある。

(49) 参照されるのは *Dörner* (前注(48)), 35 である。これに類似するものとして、*Damm*, Die Einwirkung der Grundrechte des Grundgesetzes auf das nach deutschem internationalen Privatrecht anwendbare ausländische Sach- und Kollisionsrecht (1993) 175 ff. がある。このほか、*Spickhoff* (前注(13)), 83; 三段階の審査については、*Coester-Waltjen* (前注(21)), 22 f.

(50) 参照されるのは、*MünchKomm / Sonnenberger* (前注(23)), Art. 6 Rn. 47 である。

(51) 公序に違反しない外国法上の規定を適用する場合、正しく操作すると、一体どのようにして不快な結果がもたらされることになるのかという点は、明らかにされていない。しかし、そうしたことが起こり得るとみているのは、たとえば、RGZ 150, 283 (285); *MünchKomm / Sonnenberger* (前注(23)), Art. 6 Rn. 47; *Jayme*, StAZ 1980, 301 (302); *Firsching / v. Hoffmann* (前注(47)), §6 Rn. 150 である。筆者と同様、これに反対するのが *Soergel / Kegel* (Fn. 47) Art. 6 Rn. 10; *Spickhoff* (前注(13)), 79 f. である。

(52) 前注(29)における通りである。

(53) 望ましいと思われている法規範が欠けている場合の公序違反について参照されるのは、*Soergel / Kegel* (前注(47)), Art. 6 Rn. 8; *MünchKomm / Sonnenberger* (前注(23)), Art. 6 Rn. 47f.; *Palandt / Heldrich*, BGB, 58. Aufl. (1999) Art. 6 Rn. 5 である。

(54) 参照されるのはやはり、*Staudinger / Magnus*, EGBGB, 12. Aufl. (1998) Art. 28 Rn. 503 である。これについて一般的には、*Völker* (前注(20)), 131.

(55) 参照されるのは、前注(42)のもとでの説明である。

(56) 一般的に参照されるのは、*MünchKomm / Sonnenberger* (前注(23)), Art. 6 Rn. 61 である。

(57) 参照されるのは、前注(50)のもとでの説明である。

(58) 参照されるのは、*Martiny* (前注(19)), 86 である。この家族による保証の禁止について一般的には、*Staudinger / v. Bar / Mankowski*, EGBGB, 13. Bearbeitung (1996) Art. 14 Rn. 233 ff.

(59) イギリス法については、*Martiny* (前注(19)), 86. これにはその余の証明が付されている。

(60) 参照されるのは、*Schack*, Internationales Zivilverfahrensrecht, 2. Aufl. (1996) Rn. 956 ff. のみである。

(61) これについての詳細なのは、*Kropholler*, Festschrift für Murad Ferid zum 70. Geburtstag (1978) 279 (288) である。これに賛同

しているのが、*Palandt / Heldrich*（前注(53)), Art. 6 Rn. 5 である。

(62) 内国的関連性の要件については、すべてのものに代えて、*Soergel / Kegel*（前注(47)), Art. 6 Rn. 27; *MünchKomm / Sonnenberger*（前注(23)), Rn. 81 ff.; *Spickhoff*（前注(13)), 97 f.

(63) 参照されるのは、*MünchKomm / Sonnenberger*（前注(23)), Art. 6 Rn. 85; *Stauudinger / Blumenwitz*（前注(20)), Art. 6 Rn. 123 のみである。

(64) ここでも参照されるのは、やはり、*Dörner*（前注(4)), 2a）の部分; *Staudinger*（前注(4)), 374 である。

(65) 参照されるのは、やはり、RGZ 114, 171（172）; *Soergel / Kegel*（前注(47)), Art. 6 Rn. 29; *MünchKomm / Sonnenberger*（前注(23)), Art. 6 Rn. 56; *Staudinger / Blumenwitz*（前注(20)), Art. 6 Rn. 123 である。

(66) Soergel / Kegel（前注(47)), Rn. 29.

(67) 前述三1参照。

(68) 参照されるのは、*Staudinger / Horn*（前注(34)), §765 Rn. 162 ff, のみである。

(69) *MünchKomm / Sonnenberger*（前注(23)), Art. 6 Rn. 61.

(70) *Soergel / Kegel*（前注(47)), Art. 6 Rn. 25; 近年の消費者保護立法の領域における民法施行法六条の適用上、これと同じような問題性があることについて述べた最近の文献として、*Staudinger*, Artikel 6 Absatz 2 der Klauselrichtlinie und §12 AGBG（1998）111、これには詳細な証明が付されている。

(71) 連邦通常裁判所(前注(4))はもともと時間的観点を考慮することに同意していない。これについては、前述五3をも参照。一九九三年一〇月一九日よりも前に行われた外国の保証に対して民法施行法六条に依拠することに反対するのが、*Staudinger*（Fn. 4）374 である。

(72) 参照されるのは、BGHZ 28, 375（387）; *Kropholler*（前注(23)), 233; *Staudinger / Blumenwitz*（前注(20)), Art. 6 Rn. 137 ff.; *Palandt / Heldrich*（前注(53)), Art. 6 Rn. 13 である; この点に関する論争の状況について参照されるのは、*MünchKomm / Sonnenberger*（前注（23)), Art. 6 Rn. 91 ff. である。

(73) 参照されるのは、前述の、前注(14）が付された本文である。

(74) BGHZ 75, 167（171）; これについては、たとえば、*Kropholler*, Europäisches Zivilprozeßrecht, 6. Aufl.（1998）, Art. 27 Rn. 4; *Martiny*,

Handbuch des Internationalen Zivilverfahrensrechts, Bd. III/2 (1984) Kap. II Rn. 92; *Föhlisch*, Der gemeineuropäische ordre public (1997) 15 ff.

(75) 参照されるのは、BGHZ 52, 184 (192), 138, 331 (335); *Kropholler*（前注(74)), Art. 27 Rn. 3; *Martiny*（前注(74)), 104である；これと異なるのは、*Geimer*, Internationales Zivilprozeßrecht, 3. Aufl. (1997) Rn. 29aである；これについては、*Völker*（前注(20)), 247 f.をも参照。そこには包括的な証明が付されている。

(76) *Martiny*（前注(74)), Rn. 90; *Kropholler*（前注(74)), Art. 27 Rn. 3; *Föhlisch*（前注(74)), 10; 参照されるものとしてはまた、連邦通常裁判所、NJW 1999, 2373もある。

(77) この点をめぐる討議については、*Völker*（前注(20)), 68 ff. これには詳細な証明が付されている。

(78) 参照されるのは、前述の**四**4および**四**5である。

(79) 参照されるのは、*Bruns*, JZ 1999, 278 (279) である。一般的には、*Geimer / Schütze*, Europäisches Zivilverfahrensrecht (1997), Art. 27 Rn. 22. 留保条項である公序が適用されることを理由に、他のヨーロッパ連合加盟諸国の保証判決のドイツ国内での執行について疑念を示しているのは、*Gounalakis / Radke*, ZVglRWiss 98 (1999), 1 (17 f.) である。

(80) 参照されるのは、BGHZ 118, 312 (348); *Völker*（前注(20)), 162, 232のみである。これには包括的な証明が付されている。

(81) 参照されるのは、*Geimer*（前注(75)), Rn. 2967; *Geimer / Schütze*（前注(79)), Art. 27 Rn. 41である。——これに対して、連邦通常裁判所 NJW 1999, 2373は、内国的関連性の有無の確定にあたり、まさしく局面をドイツ国内での執行に限定し、そこから、公序の効果を弱めるという結果を導き出そうとしている。これに対して正当にも批判的なのが、*Pfeiffer* (Fn. (4)), 2の部分である。

(82) 前注(4)におけるような場合がそうである。

(83) これと異なるのはおそらく、*Pfeiffer*（前注(4)), 2の部分であろう。——*Völker*（前注(20)), 250も、承認審査時に内国と十分な関連があるか否かという点で区別しようとしている。

(84) BGHZ 118, 312 (329); 138, 331 (334f.); *Geimer / Schütze*（前注(79)), Art. 27 Rn. 19 ff.; *Geimer*（前注(75)), Rn. 27, 2912; *MünchKomm / Sonnenberger*（前注(23)), Rn. 22; *Staudinger / Blumenwitz*（前注(20)), Art. 6 Rn. 79. これに対して、*Völker*（前注(20)), 51 ff., 92は、承認執行の際に公序の効力を緩和する理由を、承認執行の場合にはドイツ国内との関連性が決定的に少

ないという点に求めようとしている。——私見によれば、これとは異なり、外国裁判をドイツで執行する場合に公序違反の判断において寛大さの度合がより大きくなることは、実質的再審査の禁止とは関わりがない。それでも、参照されるのは連邦通常裁判所 NJW 1999, 2373 である。正当にもこれを批判しているのが、*Pfeiffer*（前注（4））, 2 の部分である。

（85） BGHZ 118, 312（330）; 123, 268（270）, 138, 331（335）; *Kropholler*（前注（74））, Art. 27 Rn. 14; *Geimer*（前注（75））, Rn. 28; *Geimer / Schütze*（前注（79））, Art. 27 Rn. 14, 21.

（86） 参照されるのは、たとえば、*Geimer / Schütze*（前注（79））, Art. 27 Rn. 19 である。

（87） 連邦通常裁判所 NJW 1999, 2373.

（88） 連邦通常裁判所 NJW 1999, 2373.

（89） 参照されるのは、前注（44）が付された本文である。

（90） これについて参照されるのは、やはり、*Staudinger*（前注（4））, 375 である。

事項索引

ア 行

カ 行

サ 行

タ　行

ナ　行

ハ　行

マ　行

ヤ　行

ラ　行

ハインリッヒ・デルナー教授主要著作目録

I. 著 書

1. Industrialisierung und Familienrecht. Die Auswirkungen des sozialen Wandels dargestellt an den Familienmodellen des ALR, BGB und des französischen Code civil. Schriftenreihe zur Rechtssoziologie und Rechtstatsachenforschung Band 30, Berlin 1974, 178 S.
2. Dynamische Relativität. Der Übergang vertraglicher Rechte und Pflichten. Münchener Universitätsschriften — Reihe der Juristischen Fakultät Band 60, München 1985, 396 S.
3. Zivilrechtliche Probleme der Bodendenkmalpflege. Münsterische Beiträge zur Rechtswissenschaft Band 63, Berlin 1992, 183 S.
4. a) Kommentierung der Art. 220, 236 EGBGB, in: Staudinger / Dörner, EGBGB, 12. Aufl. Berlin 1993; 13. Aufl. Berlin 1996
   b) Kommentierung des Art. 236 EGBGB, in: Dörner / Rauscher / Sonnenschein, Die Einführung des BGB und EGBGB in den neuen Bundesländern. Art 230–236 EGBGB, Sonderausgabe Berlin 1993
5. Fälle und Lösungen nach höchstrichterlichen Entscheidungen. Schuldrecht — Gesetzliche Schuldverhältnisse. 4. Aufl. Heidelberg 1993, 180 S., 5. Aufl. 2002
6. Staudinger / Dörner, Internationales Erbrecht. Art. 25, 26 EGBGB, 13. Bearbeitung, Berlin 1995, 579 S.; 14. Bearbeitung Berlin 2000, 598 S.
7. Internationales Versicherungsvertragsrecht. Kommentar zu Art. 7 bis 15 EGVVG mit Materialien, Heidelberg 1997, 164 S.
8. a) Versicherungsvertrag. Der aktuelle Rechtsratgeber. Suhrkamp taschenbuch nomos Nr. 134. Frankfurt/Main 1998, 227 S.
   b) Versicherungsvertrag. ARD-Ratgeber Recht. dtv — nomos Nr. 58005. München 2000, 225 S.
9. Berliner Kommentar zum VVG: Geschichte des VVG — Grundlagen des Versicherungsvertragsrechts — §§ 33 bis 34a VVG — §§ 69 bis 73 VVG — §§ 81–107c (diese zusammen mit A. Staudinger) — §§ 108–128 — EGVVG, Berlin 1999
10. Internationales Unterhalts- und Unterhaltsverfahrensrecht, in: Eschenbruch (Hrsg.), Der Unterhaltsprozeß, 2. Aufl. Neuwied 2001
11. Handkommentar zum BGB (darin: Allgemeiner Teil des BGB); 1. Aufl. Baden-Baden 2001, 2. Aufl. 2002
12. Schuldrechtsmodernisierung. Synoptische Gesamtdarstellung mit systematischer Einführung, Baden-Baden 2002 (zusammen mit A. Staudinger)

II. 論 文

1. Das elterliche Recht zur Wahl des Vornamens,
   a) StAZ 1973, 237
   b) BayStAZ 1973, 97
2. Taxi statt Mietwagen?, VersR 1973, 702
3. Die Einwendungen des Schuldners gegen den Nachbürgen, MDR 1976, 708
4. "Mängelhaftung" bei Sperre des transferierten Fußballspielers? — BGH NJW 1976, 565, in: JuS 1977, 225
5. Zur Behandlung von deutschen Erbfällen mit interlokalem Bezug, DNotZ 1977, 324
6. Die Auskunftshaftung italienischer Banken im deutsch-italienischen Geschäftsverkehr, WM 1977, 962
7. Zur Anwendung des Fernunterrichtsschutzgesetzes, BB 1977, 1739
8. Gottfried August Bürger — Ein Beitrag zur Situation des deutschen Dorfrichters im 18. Jahrhundert, DRiZ 1978, 22
9. Christian Reuter - Juris Studiosus und Literat, JZ 1978, 266
10. Rechtstatsachenforschung und Gesetzgebung. Hinweise zur Entwicklung einer Gesetzgebungssoziologie in Frankreich,
    a) Aus der Infratestforschung, September 1978, S. 1–31
    b) Interview und Analyse 1979, 377
11. Zivilrechtliche Folgen des Parkens vor Grundstückszufahrten — AG Heidelberg NJW 1977, 1541 und AG Karlsruhe NJW 1977, 1926, in: JuS 1978, 666
12. Schadensersatzprobleme beim Kraftfahrzeugleasing. Die Ansprüche von Leasinggeber und Leasingnehmer bei Zerstörung des Fahrzeugs durch einen Dritten, VersR 1978, 884
13. Verbraucherschutz bei privatem Direktunterricht, NJW 1979, 241
14. Wer trägt die Abschleppkosten bei privater Räumung einer Grundstückszufahrt?, DAR 1979, 10
15. Timpe und die magische Sieben. Liberalisierungstendenzen im Vornamensrecht, StAZ 1980, 170
16. Der Haftungsschadensersatzanspruch des Besitzers und seine Begrenzung bei vertraglich vergrößerter Schadenshöhe, VersR 1980, 1000
17. Zurückbehaltungsrecht des Abschleppunternehmers bei drittveranlaßtem Tätigwerden?, DAR 1980, 102
18. Fremdrechtszeugnis gemäß § 1507 BGB und Erbschein, DNotZ 1980, 662
19. Beim wievielten Baum beginnt ein Wald? in: Weitbrecht/Hocke (Hrsg.), Was ist Wirklichkeit?, Stuttgart 1983, 265

20. Die Wahl des Vornamens im deutschen IPR, IPRax 1983, 287
21. Anfechtung und Vertragsübernahme, NJW 1986, 2916
22. Erster Weltkrieg und Privatrecht, Rechtstheorie 1986, 385
23. Keine ärztlichen Honorarvereinbarungen in AGB, NJW 1987, 699
24. Zur Anerkennung und Vollstreckung ausländischer Umgangsregelungen, IPRax 1987, 155
25. Zur Dogmatik der Schutzgesetzverletzung — BGH NJW 1982, 1037 und BGH NJW 1985, 134, in: JuS 1987, 522
26. Schuldnerberatung und Rechtsberatung, in: Ministerium für Arbeit, Gesundheit und Soziales des Landes NRW, Schuldnerberatung und Entschuldungshilfen in NRW, 1987, 43
27. Probleme des neuen Internationalen Erbrechts, DNotZ 1988, 67
28. Das Erbrecht als subjektives Recht, Festschrift für Murad Ferid, Frankfurt am Main 1988, 57
29. Die Rechtsnatur der Software-Überlassungsverträge (zusammen mit Ralf Jersch)
    a) Informatik und Recht 1988, 137.
    b) In: Dörner/Ehlers, Rechtsprobleme der EDV, Neuwied und Frankfurt 1989, 13
30. Brautkindlegitimation — Anknüpfung und intertemporales Kollisionsrecht, IPRax 1988, 222
31. Der Anwendungsbereich von Art. 3 MSA, JR 1988, 265
32. Qualifikation im IPR — ein Buch mit sieben Siegeln?, StAZ 1988, 345
33. Zum Verfahren der Legitimationsbeischreibung in Fällen mit Auslandsberührung, IPRax 1989, 28
34. Harter Kern und weicher Rand — (noch) eine Formel zum Internationalen Deliktsrecht bei Verkehrsunfällen, VersR 1989, 557
35. Preiskontrollen im Ersten Weltkrieg. Ein Beitrag zur Geschichte des Wirtschaftsrechts, Festschrift für Rudolf Lukes, Köln/Berlin/Bonn/München 1989, 305
36. Moderne Anknüpfungstechniken im Internationalen Personen- und Familienrecht, StAZ 1990, 1
37. Internationales Verkehrsunfallrecht, JURA 1990, 57
38. Kondiktion gegen den Zedenten oder gegen den Zessionar?, NJW 1990, 473
39. Norm und Mensch — der subjektive Faktor im Recht, in: Leute (Hrsg.), Subjektivität und Objektivität in den Wissenschaften. Schriftenreihe der Westf. Wilhelms-Universität (Akademische Beiträge Bd. 7) Münster 1990, 153
40. Rechtsanwendungsprobleme im Privatrecht des vereinten Deutschlands (zusammen mit Wolfgang Meyer-Sparenberg), DtZ 1991, 1

41. Intertemporales Scheidungskollisionsrecht — und immer noch kein Ende (zusammen mit Ursula Kötters), IPRax 1991, 39
42. Kein Ausschluß der Erwerberkündigung in Verträgen mit öffentlich-rechtlichen Feuerversicherern, NJW 1991, 409
43. Verteilung des Sorgerechts nach dem Scheidungsstatut?, IPRax 1991, 173
44. Internationales Privatrecht, in: Messerschmidt, Hand- und Schulungsbuch der Deutschen Rechtspraxis, München 1991, S. 10 ff.
45. A atividade económica do Estado na República Federal da Alemanha vista do ângulo do direito privado, in: Direito & Justica, Revista da Faculdade de Direito da Pontificia Universidade Católica do Rio Grande do Sul, Vol. 13, 11. Jahrgang (1991) S. 9 ff.
46. Grundzüge des Privatversicherungsrechts
    1. Teil: Grundbegriffe und systematische Zusammenhänge, DtZ-Informationen 1991, 147
    2. Teil: Allgemeine Lehren des Versicherungsvertragsrechts, ebd. 1991, 169
    3. Teil: Allgemeines Schadensversicherungsrecht, ebd. 1991, 185
    4. Teil: Güter- und Vermögensversicherung, ebd. 1992, 5
    5. Teil: Personenversicherung, ebd. 1992, 17
47. Interlokales Erb- und Erbscheinsrecht nach dem Einigungsvertrag, IPRax 1991, 392
48. Das deutsche Interlokale Privatrecht nach dem Einigungsvertrag, Festschrift für Werner Lorenz zum 70. Geburtstag, Tübingen 1991, 321
49. Die Haftung des Gefahrgutbeauftragten
    a) Schriftenreihe der Deutschen Verkehrswissenschaftlichen Gesellschaft e.V, Reihe B, Bd. 149: Beförderung gefährlicher Güter (1992) 43
    b) Transportrecht 1992, 121
50. Einführung zu: Allgemeine Versicherungsbedingungen (Beck'sche Textausgaben, 1. Aufl. 1992, 2. Aufl. 1996, 3. Aufl. 1999)
51. Grundzüge der Reform des Internationalen Privatrechts in der Bundesrepublik Deutschland, in: Uniwersytetu Mikolaja Kopernika Torun/Polen (Hrsg.), Comparative Law Review 1992 Nr. 3, 113
52. Kindesherausgabe contra Sorgerechtsänderung nach Inkrafttreten der Entführungsübereinkommen, IPRax 1993, 83
53. Ärztliche Honorarvereinbarungen und Verbraucherschutz, Beiträge zur Rechtswissenschaft, Festschrift für Walter Stree und Johannes Wessels zum 70. Geburtstag, Heidelberg 1993, 997
54. Nachlaßplanung in argentinisch-deutschen Erbfällen
    a) Arbeitshefte des Lateinamerika-Zentrum der Westf. Wilhelms-Universität

Nr. 9, Münster 1993

b) in: Lateinamerika-Zentrum der Westf. Wilhelms-Universität (Hrsg.), Anuario Bd. 1 (1993) 205

c) in: Curschmann / Postel (Hrsg.), Deutsch-südamerikanische Rechtstage 1992. Schriftenreihe der Deutsch-brasilianischen Juristenvereinigung, Bd. 22 (1994) 121

55. Gewährleistung für Softwaremängel, JURA 1993, 578
56. Neuere Entwicklungen im Internationalen Verkehrsunfallrecht, JR 1994, 6
57. Zur Beerbung eines in der Bundesrepublik verstorbenen Iraners, IPRax 1994, 33
58. Nachlaßspaltung — und die Folgen, IPRax 1994, 362
59. Interlokales Erbrecht nach der Wiedervereinigung — ein schwacher Schlußstrich, IPRax 1995, 89
60. Rechtsfragen des deutsch-deutschen Erbrechts — BGHZ 124, 270, JuS 1995, 771.
61. Keine dingliche Wirkung ausländischer Vindikationslegate im Inland, IPRax 1996, 26
62. Der Abschluß von Versicherungsverträgen nach § 5a VVG (zusammen mit Stefan Hoffmann), NJW 1996, 153
63. Das deutsch-türkische Nachlaßabkommen, ZEV 1996, 90
64. Computer-Einsatz bei Jurastudenten — Ergebnisse einer Umfrage (zusammen mit Matthias Bertl) Computer und Recht 1997, 375
65. "Change of position" and "Wegfall der Bereicherung", in: Swadling (Hrsg.), The Limits of Restitutionary Claims — A Comparative Analysis, United Kingdom Comparative Law Series Vol. 17, 1997, 64
66. Eigentumsvorbehalt und Parteiautonomie im deutschen Internationalen Privatrecht, in: Bomhard / Dörner, Rechtliche Aspekte des Außenhandels zwischen Deutschland, Mexico und Argentinien, Baden-Baden 1998, 121
67. Materiell-rechtliche Auswirkungen der Reformgesetze, in: Deutsches Anwaltsinstitut, Brennpunkte des Familienrechts 1998 (1998) 53
68. Zur Anwendung des §1371 Abs. 1 BGB aus österreichischer Sicht, IPRax 1999, 125
69. Internationale Zuständigkeit — Vertragstaatenbezug, rügelose Einlassung, Gerichtsstandsklausel (zusammen mit A. Staudinger), IPRax 1999, 338
70. Zur Anknüpfung von § 14 HeimG, IPRax 1999, 455
71. Bürgenhaftung und ordre public, in: Festschrift für Otto Sandrock (2000) 205（本書に収録）
72. Rechtsfragen der Unfallversicherung, in: Basedow (u.a.), Transparenz und Verständlichkeit. Berufsunfähigkeitsversicherung und Unfallversicherung.

Reform des Versicherungsvertragsgesetzes. Beiträge der 9. Wissenschaftstagung des BdV (2000) 243

73. Probleme des neuen Internationalen Kindschaftsrechts, in: Festschrift für Dieter Henrich (2000) 119（本書に収録）

74. Die Integration des Verbraucherrechts in das BGB, in: Schulze / Schulte Nölke (Hrsg.), Die Schuldrechtsreform vor dem Hintergrund des Gemeinschaftsrechts (2001) 177

75. Alte und neue Probleme des Internationalen Deliktsrecht, in: Festschrift für Hans Stoll (2001) 491

76. Die Haftung des Sicherheitsunternehmers gegenüber dem Auftraggeber unter Berücksichtigung versicherungsrechtlicher Aspekte, in: Schünemann (Hrsg.), Privatrechtliche Haftung im Sicherheitsgewerbe (2001) 31

77. Versicherungsrechtliche Aufklärungspflichten, in: Karlsruher Forum 2000 (2001) 39

78. Rechtsgeschäfte im Internet, AcP 2002, 363

編訳者紹介

野沢《のざわ》紀雅《のりまさ》

1951 年　青森県生まれ
1980 年　中央大学大学院法学研究科博士課程後期課程単位取得退学
現　在　中央大学法学部教授
(主要業績)
「ドイツ法における扶養概念の変遷」(民商法雑誌 106 巻 2 号–5 号)
「「親権と扶養義務」問題の学説史的再検討」(法学新報 101 巻 8 号、11・12 号)
「ドイツにおける成年子の就学費用と親の扶養義務」(法学新報 104 巻 8・9 号)

山内《やまうち》惟介《これすけ》

1946 年　香川県生まれ
1973 年　中央大学大学院法学研究科修士課程修了
現　在　中央大学法学部教授・博士(法学)
(主要業績)
『海事国際私法の研究』(中央大学出版部、1988 年)
『国際公序法の研究』(中央大学出版部、2001 年)
『国際私法・国際経済法論集』(中央大学出版部、2001 年)

訳者紹介(掲載順)

宮本《みやもと》ともみ

1960 年　長野県生まれ
1999 年　中央大学大学院法学研究科博士課程後期課程修了
現　在　岩手大学人文社会科学部助教授・博士(法学)
(主要業績)
「離婚後の婚姻住居利用問題への対処」(法学新報 102 巻 1 号、2 号、5・6 号)
「離婚後の家具分配」(法学新報 103 巻 9 号、10 号)
「ドイツにおける別居時の婚姻住居規整」(法学新報 107 巻 5・6 号)

佐藤《さとう》文彦《ふみひこ》

1968 年　秋田県生まれ
1994 年　中央大学大学院法学研究科博士課程後期課程退学
現　在　名城大学法学部助教授・博士(法学)
(主要業績)
(訳書)ディーター・ヘーンリッヒ『国際家族法』(日本加除出版、1992 年)
Länderteil: Japan, Bergmann / Ferid / Henrich, Internationaes Ehe- und Kindschaftsrecht, 2000, Standesamtswesen
Länderteil: Japan, Ferid / Firsching / Dörner / Hausmann, Internationales Erbrecht, 2001, C.H. Beck

渡辺《わたなべ》達徳《たつのり》

1955 年　神奈川県生まれ
1990 年　中央大学大学院法学研究科博士課程後期課程単位取得退学
現　在　中央大学法学部教授
(主要業績)
「国際動産売買法と契約責任の再構成」(法学新報 104 巻 6・7 号)
「履行遅滞解除の要件再構成に関する一考察」(法学新報 105 巻 8・9 号)
「ドイツ債務法現代化法における一般給付障害法」岡孝・編『契約法における現代化の課題』(法政大学出版局、2002 年)所収

ドイツ民法・国際私法論集
日本比較法研究所研究叢書（50）

2003 年 4 月 10 日　初版第 1 刷発行

編　訳　野　沢　紀　雅
山　内　惟　介
発行者　辰　川　弘　敬

発行所　中央大学出版部
〒 192-0393
東京都八王子市東中野 742－1
電話 0426(74)2351・FAX0426(74)2354

　ISBN4-8057-0351-2　研究社印刷

日本比較法研究所翻訳叢書

0	仏蘭西法諺	杉山直治郎訳	B6判（品切）
1	イギリス法の合理性	F・H・ローソン 小堀憲助他訳	A5判 一二〇〇円
2	法の成長	B・N・カドーゾ 守屋善輝訳	B6判（品切）
3	司法過程の性質	B・N・カドーゾ 守屋善輝訳	B6判（品切）
4	法律学上の矛盾対立	B・N・カドーゾ 守屋善輝訳	B6判 七〇〇円
5	中世ヨーロッパにおけるローマ法	ヴィノグラドフ 矢田一男他訳	A5判 一一〇〇円
6	イギリスの弁護士・裁判官	R・E・メガリ 金子文六他訳	A5判 一二〇〇円
7	行為基礎と契約の履行	K・ラーレンツ 神田博司他訳	A5判（品切）
8	英米法とヨーロッパ大陸法	F・H・ローソン 小堀憲助他訳	A5判（品切）
9	イギリス地方行政法原理	I・ジュニングス 柳沢義男他訳	A5判（品切）
10	英米法諺	守屋善輝編	B6判 三〇〇〇円
11	〔新版〕消費者保護	G・ボーリー他 新井政男他訳	A5判 二八〇〇円
12	イスラーム法と現代の諸問題	A・Z・ヤマニー 真田芳憲訳	B6判 九〇〇円
13	裁判所規則制定過程の改革	ワインスタイン 小島武司編訳	A5判 一五〇〇円
14	裁判・紛争処理の比較研究(上)	カペレッティ編 小島武司編訳	A5判 二二〇〇円
15	手続保障の比較法的研究	カペレッティ 小島武司他訳	A5判 一六〇〇円
16	英国流通証券法史論	J・M・ホールデン 高窪利一監訳	A5判 四五〇〇円
17	控えめな裁判所	ゴールドシュティン 渥美東洋監訳	A5判 一二〇〇円

日本比較法研究所翻訳叢書

18	カペレッティ編 小島武司編訳	裁判・紛争処理の比較研究㊦	A5判 二六〇〇円
19	ドゥローブニク他編 真田芳憲他訳	法社会学と比較法	A5判 三〇〇〇円
20	カペレッティ編 小島・谷口編訳	正義へのアクセスと福祉国家	A5判 四五〇〇円
21	P・アーレンス編 小島武司編訳	西独民事訴訟法の現在	A5判 二九〇〇円
22	D・ヘーンリッヒ編 桑田三郎編訳	西ドイツ比較法学の諸問題	A5判 四八〇〇円
23	P・ギレス編 小島武司編訳	西独訴訟制度の課題	A5判 四二〇〇円
24	M・アサド 真田芳憲訳	イスラームの国家と統治の原則	A5判 一九四二円
25	A・M・プラット 藤本・河合訳	児童救済運動	A5判 二四二七円
26	M・ローゼンバーグ 小島・大村編訳	民事司法の展望	A5判 二二三三円
27	B・グロスフェルト 山内惟介訳	国際企業法の諸相	A5判 四〇〇〇円
28	H・U・エーリヒゼン 中西又三編訳	西ドイツにおける自治団体	A5判 一六〇〇円
29	P・シュロッサー 小島武司編訳	国際民事訴訟の法理	A5判 一一〇〇円
30	P・シュロッサー他 小島武司編訳	各国仲裁の法とプラクティス	A5判 一五〇〇円
31	P・シュロッサー 小島武司編訳	国際仲裁の法理	A5判 一四〇〇円
32	張晋藩 真田芳憲監修	中国法制史㊤	A5判 三一〇〇円
33	W・M・フライエンフェルス 田村五郎編訳	ドイツ現代家族法	A5判 三二〇〇円
34	K・F・クロイツァー 山内惟介監修	国際私法・比較法論集	A5判 三五〇〇円
35	張晋藩 真田芳憲監訳	中国法制史㊦	A5判 三九〇〇円

日本比較法研究所翻訳叢書

36	J・レジェ他 山野目章夫他訳	フランス私法講演集	A5判	一五〇〇円
37	G・C・ハザード他 小島武司 編訳	民事司法の国際動向	A5判	一八〇〇円
38	オトー・ザンドロック 丸山秀平 編訳	国際契約法の諸問題	A5判	一四〇〇円
39	E・シャーマン 大村雅彦 編訳	ADRと民事訴訟	A5判	一三〇〇円
40	ルイ・ファボルー他 植野妙実子 編訳	フランス公法講演集	A5判	三〇〇〇円
41	S・ウォーカー 藤本哲也 編訳	民衆司法——アメリカ刑事司法の歴史	A5判	四〇〇〇円
42	ウルリッヒ・フーバー他 吉田豊・勢子 編訳	ドイツ不法行為法論文集	A5判	七三〇〇円
43	スティーヴン・L・ペパー 住吉博 編訳	道徳を超えたところにある法律家の役割	A5判	四〇〇〇円
44	W・マイケル・リースマン他 宮野洋一他訳	国家の非公然活動と国際法	A5判	三六〇〇円
45	ハインツ・D・アスマン 丸山秀平 編訳	ドイツ資本市場法の諸問題	A5判	一九〇〇円
46	デイヴィド・ルーバン 住吉博 編訳	法律家倫理と良き判断力	A5判	六〇〇〇円
47	D・H・ショイイング 石川敏行 監訳	ヨーロッパ法への道	A5判	三〇〇〇円
48	ヴェルナー・F・エブケ 山内惟介 編訳	エブケ教授講演集 経済統合・国際企業法・法の調整	A5判	二七〇〇円
49	トビアス・ヘルムス 野沢・遠藤 訳	生物学的出自と親子法	A5判	三七〇〇円

＊価格は本体価格です。別途消費税が必要です。